文史哲學集成

周大利著

周易要義

文史哲出版社印行

周易要義 / 周大利著. -- 初版. -- 臺北市：
文史哲, 民 98.11 印刷
300 頁 21 公分.（文史哲學集成；62）
參考書目：頁 273-300
ISBN 978-957-547-271-9 (平裝)

121.17

文史哲學集成 62

周易要義

著者：周大利
出版者：文史哲出版社
http://www.lapen.com.tw
e-mail：lapen@ms74.hinet.net
登記證字號：行政院新聞局版臺業字五三三七號
發行人：彭正雄
發行所：文史哲出版社
印刷者：文史哲出版社
臺北市羅斯福路一段七十二巷四號
郵政劃撥帳號：一六一八〇一七五
電話886-2-23511028 · 傳真886-2-23965656

實價新臺幣二八〇元

中華民國七十年（1981）十一月初版
中華民國九十八年（2009）十一月 BOD 初版一刷

ISBN 978-957-547-271-9 00062

著者簡介

周大利　備役陸軍少將

浙江省海寧縣

民國八年生

學歷

陸軍官校十六期

陸軍指揮參謀大學

三軍聯合參謀大學

美國三軍工業大學

經歷

排連長、參謀

駐美陸軍副武官

駐日代表團團員

國防語文訓練中心主任

國防管理學校校長

國防部連絡局局長

周易要義序

周大利君讀易二十餘年，深究義理，窮溯象數，頗多心得，近自軍中退休，撰成「周易要義」一書，而屬序于余。余曾主編「易學應用之研究」，重於致用，藉使易學由實用之價值，而能昌明于世。惟自第一輯出版後，繼續向各方徵稿，迄少當意者；良以周易爲最難讀之書，義理深奧，象數虛玄，一般學者非覃思精研，未易有所心得。周君此書對于周易之成書、八卦之由來、六十四卦之形成、爻位之特徵以及象數之變則，均有詳明之敍述，凡此要義，均爲學易者所應先事瞭解。昔賢謂義者路也，要義者必由之路也，孰能行不由路，故此書實有裨于易學之昌明，亦足爲復興中華文化之一助，爰書數語以爲之介。

中華民國七十年七月吳興陳立夫于台北天母

自序

二十八年前作者任職國防大學（三軍大學前身）校長室，當時第一任校長侯騰將軍有一個宏願，他想把中西軍事思想融爲一爐，編撰一則有系統的「戰爭哲學」教材。他要我替他蒐集中西軍事學說資料，並且給我出了幾個中心論題如下：

一、戰爭目的論——答案應該是：「戰爭的最終目的，不在於征服敵土，（普魯士兵學家克勞塞維玆所謂戰爭近目的），也不在於殲滅敵軍或是屈服敵方意志，（克氏所謂戰爭遠目的），而是爲了贏取更有利的和平狀態，（英國兵學家李德哈達的戰爭目的觀）。」

二、戰爭本質觀——答案應該是：「戰爭本質在基本上不外『仁』與『忍』二端」。二方相爭，除非能做到「不戰屈人」的地步，否則，一旦戰爭不能避免時，用兵在本質上縱然是爲了誅暴亂、禁不義，或是爲了救民安民，可是要能完成這些神聖的戰爭目的，必須運用詭詐殘「忍」的手段，才能實現以「仁」道爲本的目標。清代名將胡林翼說過：戰爭是在「以霹靂手段，行菩薩心腸」。

三、中國傳統的軍制精神——答案應該是：「民生（生活條件）和國防（戰鬥條件）切相結合」。爲要達到此一理想，必須寓兵於民（農），使平時的軍隊就是從事生產的民衆，一旦戰爭發生，從事生產的民衆，本是當然的兵員。我國西周的井田制，漢代的屯田制，唐代的府兵制，明初的衞所制，都是基於此種精神而奠立的。

當然我們知道西方軍事思想，以普魯士克勞塞維茲的「戰爭論」爲代表，源出普國哲學家黑格爾的辯證邏輯，東方軍事思想，以孫（武）吳（起）二人的兵法爲代表，源出道家，但西方兵學僅注重戰爭形態，（例如克氏的戰爭現象矛盾說），不如東方兵學更能深入到戰爭本質和原則上面去。所以要談戰爭哲學，必須以東方兵學爲重心。

可是東方兵學思想雖說源出道家，道家思想實由易理推衍而來。事實上侯校長所出的三個論題，確是可以從易經師卦䷆中找到解答的。且看：

一、師卦卦辭曰：「師貞」，彖傳解釋這兩個字說：「師、衆也，貞、正也」。以上經傳文的意思是說：軍隊是一批羣衆，興師動衆必須師出有名，必須有一個堂堂正正的戰爭目的，才能夠以本身的正道，去匡正天下不正的現象，譬如吊民伐罪、撥亂反正、勘亂除暴、抵禦外患、保國衞民，都是屬於「正天下之不正」的範圍，也就是孫子兵法始計第一篇中所說的「道」。——這是戰爭目的論。

二、師卦彖（傳）曰：「行險而順，以此毒天下而民從之」。這句傳文的意思是說：戰爭雖是以殘「忍」詭詐的手段，「聚三軍之衆，投之於險」（孫子語）而進行，祇要是順乎民情，以救民安民爲懷，出於「仁」心而動，則用兵縱然不能沒有傷殘毒害的情形，但殺人確是爲了安民而殺、作戰確是爲了消除戰爭因素而戰，（所謂「止戈爲武」），民心自然悅而相從，不會害怕陷入危險。——這是戰爭本質論。

三、師卦象（傳）曰：「地中有水，師，君子以容民畜衆」。師卦由上（外）卦坤和下（內）卦坎相重而成，坤爲地、坎爲水，地中有水，以土地之廣，能夠包容衆聚的地下水，猶如庶民之衆，可以產生不竭的兵源，水不外於地，猶如兵不外於民，君子則法師卦卦象，建設國防，也應該寓兵於民，平時以仁心仁政「容」納保安「民」衆，使享安和樂利，然後「畜」養其力，聚合其「衆」，明恥教戰，以達足食足兵的理想，能做到這樣地步，國防與民生自可切相結合，一旦有事，從事生產的民衆，可以立刻轉爲保家衞國的戰鬥兵員。——據考證，井田制的構想，源出於此，這是中國三千年來傳統的軍制精神。

師

當然那時我對易經的瞭解，沒有現在那樣比較清楚，但我確已約略體會到師卦是我國傳統軍事思想的根源，於是我的資料重心，也從老莊孫吳，轉移到了本源上面，開始研讀易經。可是當時街坊書店裏能買到的易經版本，還祇有南宋朱熹的「周易本義」一種，從國防大學圖書館裏，則還可以看到前陸軍大學從大陸撤運來台的「周易正義」（唐代孔穎達撰）和「周易述」（清代惠棟撰），這三種註解中，本義和正義偏重「義理之學」，就經傳文字的意義加以發揮，易述則深入卦象，探討據象措辭的所以然，（所謂「象數之學」）。記得我開始展讀這幾部書時，看得一點也摸不着頭腦，一眼見到的，先是「乾、元亨利貞」五個字劈頭而來，根本不給人有絲毫心理上的準備，接着又是「初九，潛龍勿用；九二，見龍在田，利見大人；……」等等，看得愈看愈糊塗，再試着找註解，本義和正義的註解，還能讀個似懂非懂，一知半解，易述的註解，則讓人完全墜入五里霧中，讀得更糊塗了。失望之餘，幾乎半途而廢，不想再讀下去了。

可是，又讀前漢書藝文志，讀到下面一段文字時，使我灰了的心，又重新復燃了起來。藝文志說：「六藝之文，樂以和神，詩以正言，禮以明體，書以廣聽，春秋以斷事，五者蓋五常之道，相須而備，而易爲之原」。從這段文字中，可以見到周易一經，本是中華文化道統的根源，據考證，墨家思想源出神農氏的連山易，道家思想源出黃帝的歸藏易，儒家思想源出文王的周易，足見中華民族五千年來各派學術思想、文物制度、意識情態、生活習俗、家庭倫理，莫不導源於易理。不僅如此，我國古來天文、地理、曆象、書契、樂律、虞衡、堪輿、丹道、醫卜星相、奇門遁甲等，無不從易理推衍而來，甚至通用到今天的口頭禪，像「窮則變、變則通」、「物極必反」、「剝極必復」、「否極泰來」、「貞下啓元」、「錯綜複雜」等，也都出典於易教。可知要復興中華文化，追根溯源，宏揚易道，必須特加重視，因此易經必須有通俗化的註解，以使它成爲一部人人能讀的書。

但當時我並沒有讀懂易經，怎麼辦？讀不懂，就硬抄註解，漢學象數、宋學義理都抄，抄了以後，又將這些註解綜合歸納在一起，反復鑽研，並且儘量參考近代人的著作，這樣又讀又抄的瞎摸了十多年，總算稍微給我摸出一點頭緒來了，我發現易經難讀的癥結，可能如下：

第一、我們在讀易之前，必須先建立起心理上的準備，首先我們必須熟悉易經的寫作過程和流傳經過，瞭解它的歷史背景，尤其須探討它何以會有漢學宋學二派的形成。

第二、我們必須先讀孔子爲周易經文（卦辭、爻辭）所作的十篇傳文（所謂「十翼」），這十篇傳文是：

㈠解釋卦辭意義的「彖傳」上下篇。——亦卽經後人拆散穿插在經文中的「彖曰」部分。但有的版本沒有拆散，仍保持整篇原狀。

㈡解釋上下卦相重關係、和爻辭意義的「象傳」上下篇。——亦卽穿插在經文中間的「象曰」部分。但有的版本沒有拆散，仍保持整篇原狀。

㈢細釋乾坤二卦卦辭爻辭的「文言傳」一篇。——亦卽附在乾坤二卦最後面的「文言曰」部分。但有的版本單獨成篇，沒有分割成二部分，附在二卦之後。

㈣詳論易道體用、和周易中心思想的「繫辭傳」上下篇。

㈤解釋八卦代表意義、和重卦所由的「說卦傳」一篇。

㈥說明六十四卦、卦卦相生、和先後相次所以然的「序卦傳」一篇。

㈦雜揉六十四卦，說明易道一正一反對舉之義的「雜卦傳」一篇。

這十篇傳文，最好先從說卦傳着手，先瞭解八卦和八卦間彼此相重以及八卦所代表的意義；其次研讀繫辭傳，瞭解易經的中心思想，以便建立一個整體觀念；跟着略記各卦經傳文，至於一見文字就知道在何卦何爻的地步，以便比較參證，然後進一步由彖傳瞭解卦辭，由象傳瞭解上下卦相重和各爻爻辭的意義，以及由文言傳熟悉乾坤二卦細部精義；繼而再由序卦傳探討六十四卦卦卦相次的着眼點，並由雜卦傳會通六十四卦一正一反的錯綜理象。

第三、我們除了必須明瞭周易經傳文的字面意義（宋易義理之學）外，還須熟悉象數變化法則，以便從正互、消息、升降、飛伏、錯綜、變化的卦象中，去探索易辭取象措辭的所以然，（漢易象數之學、後詳），由而掌握易經用字的確實依據，不致淪爲浮泛不着邊際的空談。周易所不同於其他經書之處，在於它本是「以象證理」之書，經傳文所用文辭，字字都是根據卦象而來的，如果僅按文字表面意義空言說理，憑己意任情發揮，就沒法融會經傳文字的眞髓。再者，六十四卦卦爻之間，尙有互相貫連、互相變通的關係，單單斷章取義的粗通一卦一爻表面意義，也是不能求得融會貫通的。因此讀易必須要有很大耐心，最好先將六十四卦粗讀一通，熟悉全般大要，獲得一個整體概念，然後再執一（整體）御萬（局部），精讀各卦、比較參證，才能眞正會通易義。

第四、周易經文是三千年前文王周公的文字，傳文是二千五百年前孔子的文字，當時還沒有紙筆，書籍文字必須刻在竹簡上，而竹簡不能刻很多字，不能盡其所言，所言也不能盡其全義，因此易經的文字，大抵言簡而意深，常常一二字就含蓄一大篇道理。同時二三千年前的書籍，字義古拗，易經尤其取象廣泛，今天所用文字，雖然還是二三千年前的文字，形式沒有改變，但精神則不完全像過去一樣，音義也已有改變，不容易對易理作通暢的表達。因此我們不妨以現代化的眼光，借用近代新知識、新名詞、新思想來補足古文所未能表達之處，並且運用西方（尤其古希臘）哲理和近代科學來和易理互相參證，或可有助於瞭解易經。

第五、眞正通易經的，到了最高境界，可能和參禪一樣，惟在默識心通，一切盡在不言之中，因爲卦爻理象，只是自然而已，並不是杜撰出來的，斤斤的去計較文義，反會顯得泥滯不通的。

我們相信西方人（如香港前總督葛量洪）所作「二十一世紀是中國世紀」的預言，終將成爲事實，但是二十一世紀之所以會成爲中國世紀，並不如功利主義者所認爲「中國資源（尤其鈾礦）蘊藏豐富，在未來核子能時代將可稱霸」的說法，中國如能在二十一世紀執世界牛耳，將是因爲中華文化復興，文化的力量領導全世界走上了和平福祉的康莊大道。

着眼於此，作者雖已年近耳順，仍然「老有大志」，不揣愚昧的希望能將本身讀易經驗和心得，貢獻給下一代和下一代的後代，期能有助於文化復興，爲往聖繼絕學，爲萬世開太平。

三月前，海外親友處轉來大陸家中音訊，先妣　楊太夫人已於十四年前辭世，欲報之德，昊天罔極。先妣彌留之際，猶念念在外二遊子，深以不克再晤爲恨。不孝子遊宦異鄉，迫於情勢，既未能隨侍奉養，又不克親侍含殮，匪莪伊蒿，罪無可逭，惟當爲天下後世多盡棉薄，稍贖不孝之罪於萬一耳。是爲序。

民國六十九（一九八〇）年十一月三十日（陰曆十月廿三日）

爲紀念先妣九秩晉八冥誕作序

目次

第一部　易經簡史

壹、易經寫作過程——易歷三聖、世歷三古

首先我們必須熟悉易經的寫作過程、流傳經過、和漢學宋學二派如何形成，以作爲讀易之前心理上的準備工作。先談易經的寫作過程：大體上而言，易經不是一個人在一個時代裏寫出來的，易經的成書，從六千年前（？）伏羲氏（周易繫辭傳作包犧氏、大約是當時各部落的共主）畫卦開始，中間經過炎帝神農氏作連山，黃帝軒轅氏作「歸藏」，到三千年前周文王姬昌、周公旦父子改寫成周易經文（卦辭及爻辭），又經過五百年由孔子爲經作傳（十翼），完成周易全書，這中間前後約經過三千五百年，而經書的內容，廣大詳盡，眞是一部空前絕後的偉大巨著。東漢鄭玄（康成）說：「易歷三聖、世歷三古」，三聖指伏羲、文王（含周公）、孔子，三古指上古、中古、下（近）古而言。

一、上古伏羲氏——畫八卦，因而使之相重

㈠易經哲理的最初發現，大約在西歷紀元前四十世紀時（？）有伏羲氏者，仰觀天象，俯察地文，中觀人物鳥獸萬象，並且參考了傳統中由龍馬從黃河中背負出來的「河圖」，將宇宙間一切自然現象用八種符號亦即八卦來標示，每一種符號可以代表幾十種事物，易經說卦傳有詳細的記述。

河圖

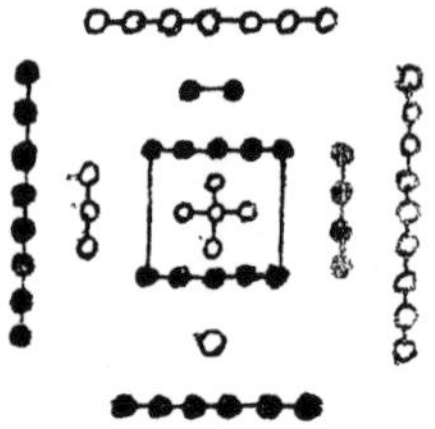

㈡伏羲（有以為是神農、有以為是文王、以伏羲較為可信）又將八卦兩兩（包括自身）相重，成六十四卦，使這些八卦所代表的靜態自然現象，由於上下兩象相重，發生動且變通的關係，由而進入人事範圍之中，藉以從自然天道（天）中，找出一條人類行為（人）的至當途徑來。何以有這樣的可能呢？因為天下萬事都不脫自然律的支配，當然人也可以從自然現象中去找出正確的生活準則來，易經就是這樣一部着眼於「天人合一」（以自然天道規律人事）的人生哲學，它將天下萬物現象歸納成為六十四種類型，也就是所謂六十四（六爻）卦，並且在卦辭和爻辭中納入前人的人生經驗，利用卜筮作為手段，來施行教化的。但是伏羲雖然重卦，當時祇有卦象而沒有卦辭，三畫的基本卦（如乾坤震巽）雖已有名稱，相重後的六爻卦（如同人、大有）則還沒有名稱。

㈢例如易經第一卦乾卦，孔子象傳說：「天行健，君子以自強不息」。乾卦是由二個三爻的基本乾卦相重而成的，乾卦由三根陽爻☰組成，為純陽，純陽象徵「天」，天體是健行不止息的，所以乾卦又象徵「健」行，同時陽也是動「行」不止的，有才德的人（所謂「君子」）則法（所謂「以」），以、用也）天道健行不息、周而復始的自然現象（所謂「天行健」），也應該莊敬「自強」，進德修業，永不衰退（所謂「不息」），着眼於此，孔子按照乾卦上下相重二象間的關係，寫下了這樣一句象傳文字。「天行健」是天道自然現象，「君子以自強不息」是人類則法天道自然現象所推理出來用以規律人類行爲的至當準則，這二部分連在一起，就構成了一句完整的「天人合一」人生哲理。

乾

㈣可是易經的「易」字，要到周文王作周易經文時，才有這樣的名稱，伏羲畫了卦，恰沒有自說是作了「易」，後來神農作「連山」，黃帝作「歸藏」，雖說「作」，也沒有把它們所作的稱爲「易」，一直到西周，掌管卜筮的主管（所謂「周官太卜」）才將連山、歸藏、周易並稱三易，這是因爲從文王之時起有了「易」的名稱之後，才將連山歸藏追稱爲「易」的。自從伏羲首倡易理後，先民才有了男女、夫婦、君臣、尊卑、上下的倫常觀念，才能夠「盡人之性」又能「盡物之性」，而「與天地參」（與天地並立爲三）了。（「」中爲中庸文）。爲此前人尊稱伏羲爲百王之首。

㈤易理代代相傳，到炎帝神農氏（紀元前三十世紀？）時，中國社會形態已由遊牧進爲農商，當時政敎並行、規模宏遠，於是神農將伏羲所傳的易理增益內容，發展成爲以艮卦爲首的「連山」八萬言。艮卦（一陽升至終極，終而復始），有「成終而又成始」（見說卦傳）的卦象，連山的主要內容，卽在藉由「成終成始」的艮卦卦象、兼「有」（形而下）「无」（形而上，卽無字）之理，以行教化，所以名爲連山者，鄭玄曰：「連山者，象山之出雲，綿綿不絕」，因爲艮卦二陰在下象地土，一陽峙立於上，象高而隆起在上之山，艮有山象，故取了連山之名。再者，神農氏又名列山氏，命名爲「連山」，正如同周易的「周」字，也是王朝的名稱。連山在中古時爲夏代占卜所用，夏代的政治制度，多半則法連山，墨家視夏禹爲一派之祖，可以想見墨家思想是源出連山的，所惜連山在唐代前就已經失傳了。相傳夏禹治水時，有一靈龜負文篆出洛水，夏禹參照這個後人稱爲「洛書」的文篆，寫作「洪範九疇」。按後天八卦（詳後）所用的數，是九宮的數，也就是洛書的數。

艮

洛書（及後天八卦）

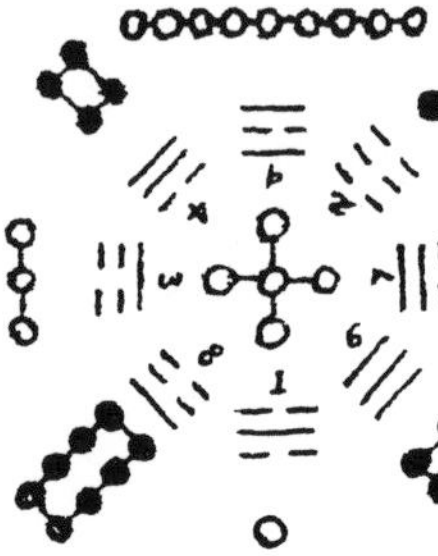

(六)到黃帝軒轅氏（約元前二十七世紀？）時，文明更益進步，人事日漸繁複，用八卦來代表事物，已經不夠應用，於是黃帝發展卦象成爲六書，（包含：(一)象形、(二)指事、(三)諧聲、(四)會意、(五)轉注、(六)假借），中國自此有了正式的文字。黃帝並且發明了天干（甲）地支（子），對陰陽五行（金木水火土）的運用，因而更爲精到。在黃帝的治理下，政府以神道設教（藉敬神占卜施行政教），治曆明時，興禮樂，和

坤

連山

以艮爲首

歸藏

以坤爲首

周易（先天圖）

以乾爲首

民氣，而易理的施用，更是普及，於是黃帝就前人傳下的易理，又加研究發展，以干支、納音（後詳）爲主，作成以坤卦爲首的「歸藏」四千三百言。所以命名爲歸藏，是因爲坤卦三陰爻純陰象地爲土，萬物生於土，歸藏於土，「歸藏」的得名，由此而來，因此「歸藏」以藏用爲主旨，主「无」（形而上）以行教化。再者，黃帝又名歸藏氏，「歸藏」正如同「連山」，也是王朝的名稱。歸藏至漢初已失傳，中古時爲商（殷）代占卜所用，商代的政治制度，多半取法於歸藏。歸藏也是道家思想所出，老子道德經曰：「致虛極，（推討窮極萬物本來不有，一切聲色貨利，全是虛无不實），守靜篤，（一切既是虛无，全不見有可欲之相，能不見有可以動我欲念的事物，則內心自然不亂，心閒無事，可以篤守清靜），萬物並作，吾以觀復，（因此萬物雖然千態萬狀，羅列於前，只因我心不妄動，畢竟可以觀察到這一切終仍將復歸於虛无），夫物芸芸，各歸其根，歸根曰靜，靜曰復命，（可知以虛靜爲本，觀察萬物的反復現象，「有」本來從「无」而生，「動」本來由「靜」而起，眼前萬物雖是暫「有」，終將反歸虛「无」的根本，能夠明瞭「物既本无，心亦不有」的道理，就可以做到物我兩忘，寂然不動的極靜境界，這是人的本性，人所賴以生存的本來面目）。」道德經這句話，可能是歸藏的遺意。

(七)按上古之世，沒有完全開化，民衆不知道興利遠害，風氣閉塞，不明禮義，自從伏羲畫卦又重卦，倡導易理，用以施行教化後，神農黃帝堯舜相繼取法易象，神道設教，釐定五常（仁義禮智信），創立制度，制作器物，以利益民生，當時大而至於禮樂政制，小而至於百工技藝，幾乎都不能越出易道軌範之外，中華文化從此有了盛大的規模。

二、中古文王演易——作經文

中古周文王（元前一二二一—一一二四）推廣易義（所謂「演易」），寫作經文中的卦（彖）辭，其子周公繼父遺志，寫作爻辭。

㈠及至殷末紂王時，西伯姬昌（其子周武王克紂後追尊為文王、下稱文王）因遭紂王之忌，被囚羑里（今河南省湯陰縣牖城）監獄中，囚禁了七年。文王有鑒紂王淫暴，朝政紊亂，殷人又尊鬼輕人，風俗日益澆浮弊壞，易道僅憑卦象不足以行教化、正風氣，於是以極度憂世的心情，在獄中潛心研究易理，將各卦分別繫以卦（彖）辭，（例如乾卦的「元亨利貞」），旨在變而通之，趨合時宜（繫辭傳所謂「趣時」），教人反身修德，藉以挽回衰頹的風氣。

㈡文王第四子周公旦更進一步删減了五行陰陽氣數部分，加强了道德吉凶悔吝的易教，在各爻下繫連了爻辭，（例如「初九、潛龍勿用」是乾卦最下〔初〕爻的爻辭）。

㈢為有別於連山歸藏起見，文王周公所作的卦辭爻辭（經文）命名為「周易」而為周官太卜占筮所用。大體而言，卦明終始、爻釋事物；卦以存想時宜，爻以配合時宜的變化；卦是大前提，爻是小前提；卦是不變的「體」，爻則由變化而見其「用」，因此爻是用來言變化的工具，所謂卦變（後詳），事實上是爻在變。東漢鄭玄經考證後認定易經直到文王周公作經文的時候，才開始言變。

(四)周易以乾卦為首，以「天體健行、周而復始、生生不息」取義，主「有」（形而下）以行教化，而為儒家思想所出。「周」和「易」二字意義如下：

乾 ☰

1.周——「周」既是王朝名稱，又有周普、周帀、周備、周而復始的涵義。

2.易——「易」字是變化變革的總名，其要在於擬象天地變化的自然現象，來精研生生不息、周而復始的生命進展過程。但變化運行的根本，在於正反陰陽二氣流行交感（所謂「剛柔相摩」），和卦與卦間的往來推盪（所謂「八卦相盪」），因為天下萬物現象，縱然錯綜複雜，要不外一正一反交遞變化之理而已，故莊子曰：「易以道陰陽」。又「易」字由上日下月所組成，故東漢魏伯陽於其所著「參同契」一書中說：「日月為易」。但如果僅將「易」字狹義的解釋成為「變」，仍不能道盡「易」字的眞義，先秦不明作者所著「乾鑿度」一書，引用孔子的話說：「易者，易也，變易也，不易也」，故就廣義的眼光來看，「易」字一名包涵易簡、變易、不易三重意義：

(1)易簡——易理祇是見之於最平易而理所當然的尋常事理之中，因為萬物現象祇是順乎天地自然之理（例如陽施陰受）而發生，天（陽）道大公無私、無為而自然，故雖肇始萬物而實容「易」「知」曉，地（陰）道順承天道之所施而成物，凝靜不須煩勞，故雖生成萬物而實功「能」「簡」約，（所謂「乾以易知、坤以簡能」），人能順乎易（天）簡（地）自然之理處事，則創始而不難，成事而不繁。這「易簡」二字是易道之「德」。

(2)變易（形而下）——變易是相變改之名。周易六十四卦以「元（動而始）亨（顯而通）利（交而和）貞（成而正）」及周而復始、貞下啓元、循環不息的法則，敍述萬象的變化。易道尙變，因此變易（宋儒所謂「氣」）是易道之「用」，所謂「易者，言乎變者也」。

(3)不易（形而上）——不易是恒常不變之「體」，在相對性多變的萬有現象（所謂「殊相」）中，有絕對性不變的「共相」（宋儒所謂「理」）存在。以宇宙觀的眼光而論，萬物現象雖然變化不定，宇宙本體（卽「道」或「太極」、後詳）則是恒常不變的。同樣，眞理是不變的，易理的基本法則也是不變的。不易是易道的「體」。

(五)卦（象）辭是文王所作，大致還沒有人懷疑過，可是爻辭是何人所作，頗有不同的說法。當然從好幾則爻辭像「箕子之明夷」，（按箕子被囚爲奴，還在武王觀兵孟津之後），像「王用亨于岐山」，（按西伯之追尊爲文王，在武王克紂之後），像「東鄰之殺牛，不如西鄰之禴祭」，（按文王爲西伯時，尙爲諸侯，不容自誇己德）來看，都不似文王筆調，但孔子沒有聽說作過經文，爻辭不會是孔子之筆。根據春秋左傳所載魯昭公三年（紀元前五四〇年、孔子祗十歲）韓宣子訪問魯國，見易象時有「吾乃知周公之德」的感歎，推知爻辭大致是周公繼父遺志所作的。由於爻辭內容原是文王的本意，同時古來傳統，父子二人同樣的成就，祗算在父親一人身上（所謂「父統子業」），因此歷史上祗說是文王作卦爻辭經文。於是易經的發展，從伏羲到文王，中間經過了大約三千年的長時間，終由文王父子改寫成爲周易經文。周易與連山歸藏所不同之處，在於周易還談變，鄭玄曰：「

連山歸藏言象，本其質性，周易占變（兼及爻義），效其流通」。

㈥按「易」字之下有「經」字，是後人所加的，但從何時開始加用，已不可考，最早西漢孟喜易本中已有「分上下經」的字樣，這是首次見到易下用經字，可見西漢政府將施、孟、梁丘、三家列入學官前，已有「經」字稱呼。經者、絜靜精微，聖人之敎也。

三、下古孔子贊易——爲經作傳

下（近）古孔子——孔子陳說易義（所謂「贊易」），爲經作傳，其主旨在以人道仁義立本，以致用爲依歸，言「有」不言「无」，論「德」不論「道」，以「時」與「中」爲要義（後詳），導使人類行爲合於天道，藉以修身立命。

㈠文王周公以後又五百年，到春秋時代，孔子（元前五五〇—四七九）有鑒世道衰微，紀綱失墜，世道人心，無所憑藉，思欲改造環境，於是周遊列國，博徵文獻，問禮於周室藏書吏老聃（即老子），就讀周易，至於韋編（用柔皮編連的竹簡）三絕（讀易之多，至於三絕），讀後乃着手爲經作傳十篇，廢黜連山歸藏，廣明人事，以盡文王周公未盡之意，易學至此又告復興。孔子所作傳文，後世看成是經文羽翼，因爲從這十篇文字，就可以瞭解經文，因此孔子的傳文，也就被稱爲「十翼」。

這十篇傳文是：

1彖傳上下二篇——「彖」者斷也。彖（卦）辭用來統論一卦的「體」，斷一卦的「才」（質性）、以明卦之所由以及一卦之所以爲主。孔子按上下經彖（卦）辭作上下篇彖傳，先釋名，後釋辭，就一卦之「體」，分析卦德（德性）與卦才（質性）。爲研讀方便起見，彖傳於東漢末年經人拆散，（彖象傳拆散之事後詳），附連於相關彖（卦）辭之後，（但乾卦經文未遭穿插，而是將彖傳、象傳、文言傳依次附置全部經文之後），周易中的「彖曰」部分，（例如「彖曰、大哉乾元，萬物資始，乃統天，……」），就是孔子所作彖傳的文字。

2.象傳上下二篇——「象」用來擬象萬物形態與事理，以告示於人。

(1)周易六十四卦是由兩個三爻卦相重疊而成的六爻卦。孔子對上下卦相重的意義、和上下兩象間的相互關係，先「天」（自然）而後「人」（人事），先「體」而後「用」，作成象傳中的大象，將外在世界納入內心，用道德精神來點化理想人格，明示後世如何將易理付諸實用，以及如何以「人」合「天」的方法。因此大象多用「君子以」「先王以」之類的字樣，以者、用也，用以則法此類天道自然現象以盡人事也。例如乾卦大象「天行健、君子以自强不息」，用來說明上卦乾（天）與下卦乾（健）相重的意義，「天行健」是天道自然，人類則法（「以」）天體健行不息的自然天道，也應該莊敬「自强」，進德修業，至誠不息。

(2)象傳的另一部分（所謂小象）用來解釋爻辭。例如坤卦中的「象曰、履霜堅冰，陰始凝也」，是用來解釋初爻爻辭「初六、履霜，堅冰至」的象傳文字。

(3)象傳亦隨上下經分爲上下篇，傳文亦經漢魏之交的人拆散，除乾卦外，大象隨附於各卦彖傳文字之後，小象則隨附於相關爻之後，都冠加「象曰」字樣。

3. 繫辭傳上下二篇——孔子就易道體用，條貫義理，別自爲卷，作成繫辭傳上下二篇，通論全經的大體凡例，闡明周易的中心思想。所以要分爲上下篇者，是因爲上篇着眼於形而上（超乎物質形器之上的「道」體），故曰：「易有太極」（後詳），下篇着眼於形而下（有形質之「器」用），故曰：「知幾（辨析事物於幾微不可測之時）其神乎（可以與微妙不測之神道相會合）」。繫辭傳也名「易大傳」。

4. 文言傳一篇——乾坤爲「易之門戶」，六十四卦之所由出，易道變化、陰陽交易，皆以乾坤爲本，孔子特爲此最重要的二卦寫作文言傳，這是因爲彖象文字未能盡其全意，孔子覺得有加以「文」飾，詳加敍釋的必要，因此才寫下這一篇文字的，故稱之爲「文言傳」。另說以爲「文」指文王而言，「文言」是「文王之言」。文言傳亦經漢魏間人按乾坤分開，置於二卦最後，冠加「文言曰」字樣，但未再按爻拆散。

5. 說卦傳一篇——說卦傳用來說明八卦相重之所由，以及八卦所代表的意義。說卦傳在漢宣帝時因河間女子發老屋，才出現問世，以其晚出，卦象不免殘缺不全，因此後世有逸象、補象的繼續發現與增補。但「說卦」之名，確在史記孔子世家中先已提及，不可能是僞作。

6. 序卦傳一篇——序卦傳闡釋前一卦啓引後一卦、與卦卦先後相次的所以然。六十四卦的次序，兩兩相偶，不是按照正反顛倒相「綜」（如屯卦䷂下爲蒙卦䷃），就是按照陰陽旁通相「錯」

（如坎卦䷜下爲離卦䷝），以爲次序。易卦從乾坤到既濟未濟的次序，將開闢以來順序進化、終而復始的過程，列舉無遺。

7.雜卦傳一篇——易道不外陰陽正反之理，孔子混雜六十四卦次序，錯綜其義，對辨其次第，或以相同者歸類，或以相異者互明，作成雜卦傳，使反對之義，雜見於卦變之中，藉以說明一正一反對舉之義。孔子所撰十翼，大半採取「述而不作」的態度，唯獨在雜卦傳中發揮了自己的意見。

8.以上十篇傳文是孔子所作，但也有人以爲是孔門弟子的筆錄，甚至有人猜測不止一人所作，於是對其所謂眞僞，表示懷疑，宋儒歐陽修首先發難於所著「易童子問」中，後人仿傚歐陽修的懷疑態度，捨本逐末，對此爭論不休。其實除雜卦傳外，其餘各篇，史記孔子世家中已有記載，至於自加「×子曰」的文體，是春秋戰國時通行的文法，像管子、墨子、孫子、孟子都是如此，卽使十翼是孔門弟子的筆錄，也未嘗不足以記述創派宗師一脈的思想。就十翼來說，像這樣精闢的文字，卽使不是孔子親筆，至少也一定是纂承孔子本義所作，不像是後人所能杜撰假造得出來的。

9.孔子既作十翼，周易全部經傳文字，至此全告完成，易理從開始有符號有構想到文字部分完成，前後大約經歷了三十五個世紀之久。中華民族祖先從六千年前起就有如此博大精深的智慧，而後世子孫竟乃仰望之不及，眞使這一代的人自慚形穢！綜合而言，六千年前伏羲首先畫卦，因而相重，（所謂「卦八、別六十四」），倡導易理；三千年前周文王周公父子進一步繫作卦爻辭經文，演易以充實作用；最後於二千五百年前由孔子贊易，爲經作傳，完成全書。但孔子贊易結果，使易書內容刪節到純以施教致用爲主旨，據考證，最初周官太卜所掌周易，本來確是「卜筮之書」，另外尚有陰陽占筮之法，孔子但取卦爻象加以敍說，將要義列入繫辭說卦二傳之中，而刪去卦氣、納甲、八宮、氣運、飛伏、陰陽五行等象數法則，（或以爲此等象數法則可能是連山歸藏遺意，由漢儒傳至後世），占卜方面，也僅在繫辭上傳「大衍」一節中約略提及，（另傳刪去部分別有三十八卷），但孔子的傳文，無一言不與象數相合，可見周代有二種周易，正如同書經外尚有逸周書一樣。

四、先秦易學餘派

㈠老子之易——易由太卜執掌，老子世代爲史官，陰陽之學爲其所世守，易卦占卜，必有方式，可惜已不盡傳。按孔子問禮於老子，僅志在明道立教以濟世，故對卜筮的名象，僅取其綱領，而將無關宏旨部分略去。說卦傳一篇，可能從原文節錄而得，並非孔子所親撰。又孔子不傳易圖，易圖可能本有，但爲老子西出函谷關時所帶走，因爲後世周易所傳圖象，大半出自道家，且又以得自陝西四川者爲多。這些易圖可能都是老子所遺留，爲道家所秘藏，至唐宋以後，始逐漸傳佈。

㈡易緯——傳至今日的易緯八種（乾坤鑿度、乾鑿度、稽覽圖、辨終備、通卦驗、乾元序制記、是類謀、坤靈圖），作者已不可考，大致是先秦人所作、乾坤鑿度甚至假託黃帝所作，蒼頡所傳。由於三代相傳易書沒有能夠和西漢時列入學官的十二篇（上下經及十翼）並稱爲「經」，因此和其他有關易學的異文逸義並稱爲「緯」，而此中確也眞僞雜出，無法辨別，王莽篡位，尤多假造圖讖符名，託名緯書，於是緯書大爲一般人所輕視，隋代政府甚至列爲禁書，收繳焚燬，玉石不分，因此易緯諸書，殘缺不全，文字亦多奪訛，三代遺意幾告全失，今所存書，多處殘缺，或經後人輯佚而成。但所傳諸緯尤其乾鑿度確較其他諸緯醇正，成爲後世言象數者的重要參考資料。

㈢子夏易傳——傳至今日的古籍，有「子夏易傳」一書，子夏名卜商，爲孔門弟子，但前漢書儒林傳載孔子傳易商瞿（字子木）而非子夏，藝文志稱傳易十三家，內中也無所謂子夏易。按子夏易傳初見於隋書，謂「周易卜商傳二卷，已殘缺」，而後世所傳子夏易傳竟有十一卷之多，且首尾完具，經傳次第又如魏王弼本，疑是僞書。或以爲子夏易傳是西漢丁寬所作，也有以爲是馯臂或杜子夏所作。

貳、周易流傳經過及漢學宋學之形成

據漢書儒林傳載，孔子授易商瞿（子木），商瞿授魯人橋庇（子庸），橋庇授江東馯臂（子弓），馯臂授燕人周醜（子家），周醜授東武孫虞（子乘），孫虞授齊人田何（子莊），凡六傳而周滅於秦。田何在秦爲博士，著易傳二篇，已失傳，後代言易者，皆本於田何。周易前後流傳經過、及諸派的形成，約如下表：

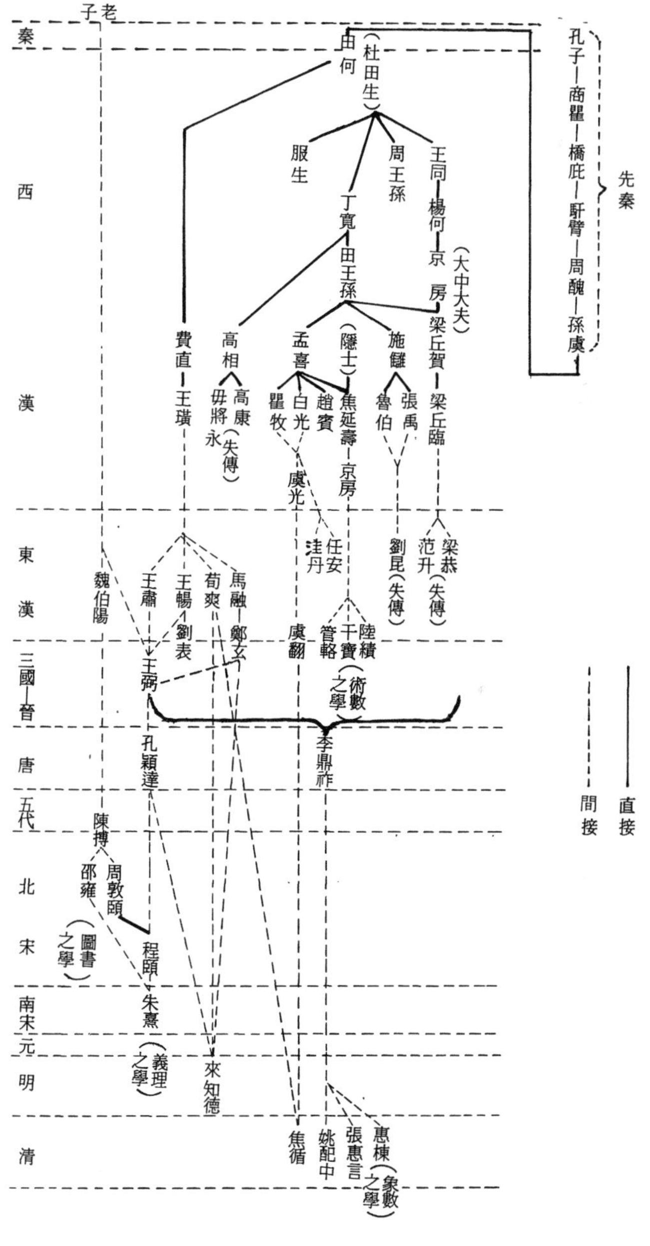
秦
西
漢
東
漢
三國
晉
唐
五代
北
宋
南宋
元
明
清
老子
孔子—商瞿—橋庇—馯臂—周醜—孫虞
先秦
田何（杜田生）
服生
周王孫
王同
丁寬
楊何
京房（大中大夫）
田王孫
梁丘賀
費直
高相
孟喜
（隱士）
施讎
王璜
毋將永
高康（失傳）
翟牧
白光
趙賓
焦延壽
京房
魯伯
張禹
梁丘臨
虞光
任安
洼丹
劉昆（失傳）
范升
梁恭（失傳）
魏伯陽
王肅
王暢
荀爽
馬融
鄭玄
劉表
虞翻
管輅
干寶（術數之學）
陸績
王弼
李鼎祚
孔穎達
陳摶
邵雍
周敦頤
（圖書之學）
程頤
朱熹
（義理之學）
來知德
焦循
姚配中
張惠言
惠棟（象數之學）
直接
間接

一、兩漢易學

㈠秦始皇焚書，不燒醫藥、卜筮、種樹之書，周易在秦代被視爲「卜筮之書」，故倖得免難，同時也未曾遭禁，可得任由孔門再傳弟子代代傳授不絕。西漢興，田何因爲是齊國公族而被徙居杜陵，因此又號稱杜田生。田何授易東武王同（子中）、雒陽周王孫、梁人丁寬、齊人服生。丁寬始從田何受易，後又從周王孫受古義，丁氏爲梁孝王將軍，故亦號丁將軍，王、周、服、丁四人皆有著作。再傳則王同授淄川人楊何（叔元），楊何授大中大夫京房（此爲另一京房），京房授瑯琊人梁丘賀；丁寬授碭人田王孫，王孫授沛人施讎，蘭陵人孟喜，亦授梁丘賀，施、孟、梁丘、三家之易，皆立於學官（官方掌學校生員訓迪的機關），置博士（太常下教授之官），自此周易被列爲五經之首。

按漢易有書自田何始，易家著書自王同始，今皆失傳。三家之易、傳授情形如下：

1. 梁丘賀傳子梁丘臨，臨授王駿及五鹿充宗，充宗授平林士孫、張仲方等。至東漢，范升梁恭得其眞傳。梁丘易已失傳。
2. 施讎授張禹及魯伯，禹授淮陽彭宣（子佩）及戴崇（子平），魯伯授毛莫如及邴丹。至東漢劉昆父子得其眞傳。施易亦已失傳。
3. 孟喜授同郡白光（少子）及沛人翟牧，於是有翟學白學之別。孟喜亦授焦延壽，延壽授京房。按易師稱京房者有二人：

(1)大中大夫京房——此京房爲漢宣帝時人，爲梁丘賀之師、楊何之弟子，非焦延壽弟子。房外調齊郡太守後，梁丘賀更從田王孫學易。

(2)焦延壽弟子京房——此京房爲漢元帝時人，字君明，本姓李，因吹律而自定爲京氏，以明災異機祥術數而受知於元帝。後遭權臣忌而外調魏郡太守。此京房著「易章句」、「占候」、「積算」、「易傳」及「雜占條例」等書，傳至今日者，有「京氏易傳」殘本。其師焦延壽著作之傳至今日者，則有「焦氏易林」十六篇，眞僞不明，其要旨在以每一卦演爲六十四卦，共四千零九十六卦，各繫以繇詞，著吉凶占驗之事。焦京二人易書，亦列入學官，爲術數之學所宗。東漢陸績、戴憑、干寶、管輅傳焦京之學。

孟易東漢初注丹、任安得其眞傳，而爲三國東吳虞翻（仲翔）所宗（翻五世祖虞光治孟易）。虞易爲漢易象數之學流傳至今最完整的一家。東漢習孟易者，尚有姚信、翟元、蜀才諸人。

(二)此外民間未列入學官者，尚有費高二家：

1. 東萊人費直治古文易，長於卜筮，無章句，僅以彖象文言繫辭注釋上下經傳，費直傳王璜(平中)。費易爲東漢馬融、鄭玄、荀爽諸名家所出，宋衷、劉表、王肅、陳元、鄭衆、董遇、王廙、劉瓛與魏王弼亦習費氏易。

2. 沛郡人高相所治易與費易略同，亦無章句，僅說陰陽災異，自稱出自丁寬。高相傳子高康及毋將永。高易已失傳。

㈢西漢諸儒去古較近，遺訓所傳，未盡逸失，易學在西漢時，可說是盛極一時，但一到東漢，列入學官的施、孟、梁丘三家，竟至於若存若亡，費高二家，亦少見傳述，直到東漢末年，才有馬鄭荀虞諸家，續興漢學，同時又僅以習民間費氏古文易者爲多，學官所列三家之易，除東吳虞翻，尙能延續孟易外，其餘幾乎皆已湮沒無聞，東西兩漢相去不遠，而竟有如此大的差別，簒漢的王莽，可能難辭其咎。

1.據後世金石家探索，西漢很少見有石碑傳至後代，究其主要原因，係因王莽惡見稱頌漢德的碑文，下令大加剷除，因此間或有傳至後世的少數碑文，不是深藏窮谷，卽是埋藏土中，很不容易爲搜剔者所發現，可知易學的中衰，除受更始赤眉戰亂的影響外，可能亦係遭受王莽打擊所致。按西漢易學既盛，談論讖緯術數，成爲一時風氣，王莽初則儘加利用，及至名位既成，又不願再見士大夫侈言陰陽，於是盡力排除，並同時竄改五經，無所不至，易學遭受摧損，自所難免。

2.又據前漢書儒林傳載：高相子高康以通易而爲莽朝郎官，東郡太守翟誼謀起兵討伐王莽，事未發而高康以術數候知東郡當有兵亂，私告門生，門生上書王莽言之，後數月翟誼果起兵，王莽召問，門生對以聞於其師，王莽惡高康前知，以惑衆爲詞而殺康。此亦王莽摧殘易學的另一迹象。

3.按秦始皇不知書，惟知將周易列爲「卜筮之書」而已，王莽則博通經學，深知易道廣大，不爲小人謀，故陽加尊奉而陰予沮厄，期欲掩盡天下耳目，易學幸不亡於暴秦而見厄於僞新，眞可說是大幸中的不幸了。

㈣易學至東漢末年時，中原祗費易盛行，碩儒如鄭玄、荀爽、王肅諸人，皆習費氏古文易，習孟學者則以南方虞翻爲主，而漢易之流傳至於今日者，亦唯有虞易最爲完整，鄭荀諸家含荀爽九家集註（原作爲淮南王聘請通易九人所作道訓十二篇，亦名九師易），僅見零星非斷而已，至於施（讎）梁丘（賀）二家易說，則久已亡失無存了。

1.大致漢易象數之學倖得傳至後世者，以虞荀鄭三家爲主，虞氏的消息、旁通、旣濟定位，荀氏的升降、卦變，鄭氏的互體、爻辰、易禮，尤爲象數之學的精蘊。

2.但經西晉末年永嘉之亂（晉懷帝永嘉五年（公元三一一年）、匈奴漢劉聰攻入洛陽、虜帝亡晉之役），諸家亡失幾盡，幸虞學在南方散失甚微，成爲後世言象數者的主要材料。北方費學之倖存者，前有馬融弟子鄭玄以乾坤十二爻論消息，及以人道政治言卦爻，在南北統一前，一度成爲北方易學主流。象數法則詳第二部。

㈤其餘傳至今日的漢代易學著作。

1.參同契——東漢魏伯陽參照古文龍虎經，作參同契一書，是爲少數倖存全書之一，兩漢易學存留至今而未大殘闕者，僅此一書而已。參同契本於老子，儒道並行，仙聖同歸，道家言修眞者皆以此書爲宗，以其借易象（納甲）以明丹道，取天地法象與人身相參合，以顯性命眞源，又本天地位育，以示道德紀綱，故書名「參同契」，契、合也。按虞氏納甲，荀氏升降，與宋初陳（摶）邵（雍）圖書之學，皆淵源於參同契，邵氏八卦方法，亦先由本書隱發其端，其「日月爲易」之義，所傳尤古。

2.火珠林——作者不詳。由於宋代已盛傳其術，且早在南北朝北齊已有金錢占卜之法，此書當爲晉代以前人所作，可無疑問。火珠林的內容，大致在改進並簡化占卜方式，以爲占卜者必須凝神一致，與卦爻相感格，才足以取驗於得失吉凶，但揲蓍求卦（詳附錄），必須三變成一爻，三六十八變成一卦，手續既繁，歷時過久，分散心志，所占容易失效，因此特設占卜用錢，以代替蓍草。

(1)卜卦用錢直徑五分、圓周一寸五分，內方外圓，以正面爲陽，識以三圈，以象「參天」，反面爲陰，識以二圈，以象「兩地」，（參天兩地後詳），並以三錢合三五十五之數。

(2)以一錢代一揲，三錢當三揲，六次搖擲盡十有八變，可以節省時間三分之二。

(3)搖擲結果，如三錢皆正面陽，則爲老陽九，正卦爲陽爻，變卦爲陰爻；三面皆反面陰，則爲老陰六，正卦爲陰爻，變卦爲陽爻；一正（陽）二反（陰）爲少陽七，得陽爻；一反（陰）二正（陽）爲少陰八，得陰爻。少陰少陽不變。（七八九六後詳）。

(六)大致漢易爲「象數之學」，西漢易學重「氣」（陰陽動靜），東漢易學則兼重「象」。

1.周易文字與它經不同之處，在於經傳措辭，無一字不由卦象而生，故曰：「不知其象，不能通其辭，不通其辭，不能得其義」，所謂「象數之學」，即首先觀察卦爻變化所生的卦象，而後由這些「常」與「變」的正互、飛伏、錯綜卦象中去探索經傳文措辭取象之學。由此可知易經是以象證理之書，雖然論象而不論理，任意牽合，則理不可通，但如祇知論理而不論象，則又必失之虛

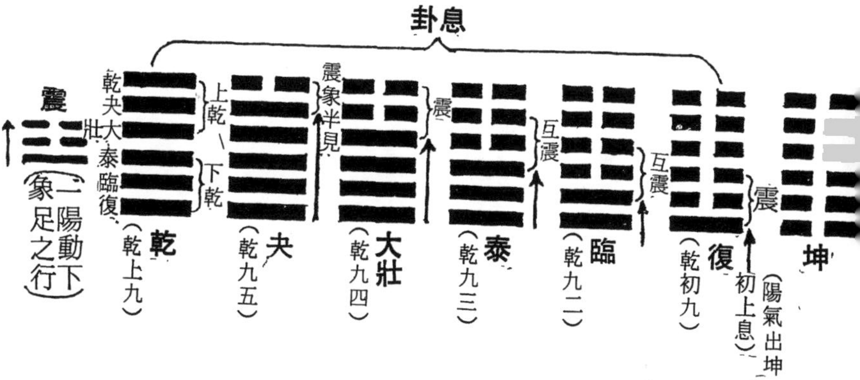

浮不實，必須理象兼合，始可以得到取象措辭的確實依據。

2. 以乾卦大象文「天行健」為例：

(1) 乾卦上乾下乾，乾卦三陽爻純陽象「天」，天體健行不息，故乾又為「健」。

(2) 易氣從下生而上息，陽氣始出地面（出坤初）為震（卦成復），震一陽在下，動而上升，在下而動，近而取象於人身，象足行於下，故震為「行」。

(3) 乾之成卦，係由一陽從初位向上息長，歷二三四五位，止於上位而成體。當陽氣自純陰坤卦中由潛出顯至初位時，即成復卦，復卦下卦為震，至二位時成臨，臨卦二三四爻互體震，（互體後詳），至三位時成泰，泰卦三四五爻互體震，至四位時成大壯，大壯上卦為震，至五位時成夬，夬卦五上兩爻震象半見，（半體後詳），升至上位時，終成重乾卦。故乾卦初爻即復卦，二爻即臨卦，三爻即泰卦，四爻即大壯卦，五爻即夬卦，上爻即乾卦。此等「息卦」，自初位上升至上位均含有一正體或互體震「行」的卦象，象傳「天行健」之「行」，由此而來。

3.以上範例，祇是一較爲簡單的象數例，易辭取象可以牽涉到非常複雜而又艱深的變通連帶關係，望之令人生畏。象數之學一度爲人廢棄達千年之久，非爲無因。

(七)周易的經文（卦辭、爻辭）與傳文（十翼），在東漢季世以前，本別行不相混雜，孔子雖作十翼，但自謙抑，未敢將彖象文言三傳文字，插入經文之中，惟恐淆亂正經之辭。古本周易各篇的次序是：上經一、下經二、上彖傳三、下彖傳四、上象傳五、下象傳六、繫辭上傳七、繫辭下傳八、文言傳九、說卦傳十、序卦傳十一、雜卦傳十二。按淸代惠棟的「周易述」與李光地的「周易折中」仍採古本次序。

1.西漢費直爲便於以傳文解說經文，首先將彖象二傳，以彖先象後次序，按卦散置各卦經文之後，概如今本乾卦不含文言傳的形態，故經文卦與爻間以及爻與爻間仍如古本相連，並未揷入傳文，彖傳及象傳文字，整篇未分，亦未冠加「彖曰」「象曰」字樣。（一說以爲費直僅以傳義拆散解釋經義，並未將傳文拆散）。

2.東漢馬融爲費氏易作註，融授鄭玄，玄師法費易以傳解經的精神，以彖象二傳分隸各卦，冠加「彖曰」「象曰」字樣以資區別。按三國志魏志載：高貴鄉公正元二年（公元二五五年），「帝幸太學，問易博士淳于俊曰，……孔子作彖象，鄭玄作註，雖聖賢不同，其釋經義一也，今彖象不與經文相連、而註連之何也，俊對曰，鄭玄合彖象於經者，欲使學者尋省易了，帝曰，若鄭玄合之於學，誠便，孔子曷爲不合，以了學者乎，俊對曰，孔子恐其與文王相亂，是以不合，此聖人以不合爲謙，帝曰，若聖人以不合爲謙，則鄭玄何獨不謙邪，俊對曰，古義弘深，聖問奧遠，非臣所能詳盡」。由上段文字，可知眞正拆散彖象二傳、揷附經文之中者，似自鄭玄開始，但此一構想，實肇端於費直。

3. 三國魏王弼又進一步將大小象拆散，以大象置彖傳文字之後，小象分屬相關之爻，仍分別冠加「象曰」「象曰」字樣，並將文言傳按乾坤分別附於乾坤二卦結尾，冠加「文言曰」字樣，（但文言傳不再按爻拆散），如今本坤卦以後六十三卦的形態。至於繫辭上下傳、說卦傳、序卦傳、雜卦傳，則仍如舊篇。乾卦經傳文字所以仍維持鄭本原狀、不相混雜者，因爲乾（天尊在上）象君，不以傳文穿揷經文，含有尊君的意義。按拆散彖象傳文言傳結果，周易篇目次序，亦從新安排，王氏將上下經分爲六卷，韓伯康續成之，將繫傳以下另分爲三卷，此舉爲後世保守者大加非議，責之爲「王弼亂易」，甚至有人譏以「罪浮桀紂」，但開明者如黃宗羲則讚其有「廓清之功」。

4. 唐儒李鼎祚，於其所著「周易集解」中，又將序卦傳拆散，分卦冠於各卦之首，宋儒程頤「易傳」，亦加仿傚。

二、漢宋間易學

㈠周易由漢學（象數之學）中衰，轉變爲宋學（義理之學）興起，王弼（輔嗣）掃象註易，爲此一歷史性變更的轉捩點，王弼在易學史上有影響及於千年以上的極爲重要的地位。

1.王弼為東漢末荆州牧劉表的外曾孫，其先世治費氏易，但弼不盡宗費，其說多本鄭玄及其高祖王暢（劉表師）。初、王肅治費氏易，取馬融、鄭玄之說，而棄其易禮、卦氣、爻辰（後詳）的精義，東漢以後，易學寖流於讖緯，王弼祖述王肅，欲糾正讖緯之學的缺失，不使易經雜有術數，乃更進一步超乎意象之表，完全屏棄象數之學（所謂「掃象」），取費易與鄭易精華，兼採道家玄理，專事研尋經旨，暢以義理，自謂「得意忘象、得象忘言」。王學之盛，開宋易義理之學的先緒。

2.由於王易直截了當，不涉象數亦可以說易，後世學易者，見王學清雋新穎，陳誼高超，文辭俊逸，既畏懼象數之學過於艱深，不易窺得精義，又喜見王學簡便易學，於是靡然宗之，奉為圭臬。王學之興，影響所及，導致漢易象數之學中衰，而西漢施梁二家之易，竟亦自此亡失無存。按王弼精於老子之學，其註易往往參雜道家思想，深得玄理精蘊，然其失在於深入玄虛，風氣所及，至於晉代，玄風更盛，易家如韓伯康等已不再如漢儒的嚴謹了。

3.但王弼雖然掃象而非不知象，所作註解仍不外於馬融鄭玄之說，是亦往往由象而生，但後世宗王學者如宋代諸儒，則幷象數亦不知了。清儒焦循（理堂）在其所著「周易補疏」中特指出王注所本於漢易象數之處，並於序文中對王弼有頗為客觀的評述，（本段以下「」部分係引用原文）。焦氏認為「弼之學淵源於劉（表），而實根本於（王）暢，……其所受者……未遠於馬鄭諸儒。弼天資聰慧，有見當時說易者支離傅會，思欲取僞得眞，而力不能逮」，以致「局促於乘承比應之中，顢頇於得象忘言之表，道消道長，旣偏執於扶陽，貴少貴寡，遂漫推夫卦主，較量於居陰居陽，揣摹於上卦下卦，智慮不出乎六爻，時世謬拘於一卦，洵童稚之藐識，不足與言通變神化之用」。按王弼享年僅二十四歲，繫辭上下傳及說卦傳皆未及註解，（由韓伯康續成），王弼究竟年事太輕，故焦循又認爲弼「貌似高簡」，而不免「秀而不實」，「倘天假之年，或有由一隙貫通，亦未可知」。王弼的夭折，眞是易學之一大不幸，因爲「弼之易」，不但「未可屏之不論不議」。且於唐宋元明一千年間成爲易學之正統。

4. 按後人之習王學者，由於不明象數，或根本未思深究象義，雖喜王學倖可免涉象數，但又嫌其陳誼過高，難以企及，於是又以「非孔子之道」爲辭，譏之備至，不知王易之所以能掃象，而仍不礙說易者，正因爲王弼深得玄理，故能超乎物外象外，以忘象忘言立論，但後人之重義理者，由於擯除玄理，僅留王學糟粕，所言因此更也就變得空泛不實，不着邊際了。

(二)西晉懷帝永嘉五年，匈奴劉聰亡晉，首都洛陽一炬，經永嘉之亂後，中原板蕩，經籍散失，漢易尤不幸隨典章圖籍而大半淪失，此由我國在印刷術未興前，手錄經籍，大部分集藏於中央政府或士族之家，民間流傳不廣，首善之區一旦遭刼，遂使漢易諸家師說傳註，十之七八，毀於瞬間，所幸虞翻易學在南方尚可保存，得以成爲後世言象數者的基本材料。又鄭玄所傳以乾坤十二爻論消息、及以人道政治言卦爻之說，仍然盛行北方，但鄭易之盛，竟使西漢孟京之易式微，東晉南渡後，大致鄭易風行於北朝，王易風行於南朝。以迄中國統一。

㈢隋代統一天下，王註盛行，治易者以王通爲較著，隋末大亂，李唐平定天下，掇拾燼餘，經文幸得不缺，治易者如崔憬、陸德明等大致以王易爲宗，唐初孔穎達奉勅爲五經作註，易經部分（「周易正義」），更專採王弼之註作疏，太學肄業，亦以王易爲本，政府崇王黜鄭結果，遂使王學單獨在此後千年中代代相傳，成爲易學正統，漢易象數之學，原已大半亡失，王易之盛，幾使古易失傳。所幸唐代中葉有李鼎祚掇集虞荀等三十五家零星片段散佚文字，纂作「周易集解」一書，象數遺緒，差能保存不失，使千年後清儒惠棟、張惠言諸家，可得據以存復象數之學，但西漢施梁之學，終不復獲見於世了。

三、兩宋易學

㈠漢學說易重象數，宋學說易重義理，二者先後之間以王弼掃象爲轉捩點。易學大致不外辭變象占四道，漢學拘泥於四者之中，王學超然於四者之上，而宋學則求索於四者之先，此中北宋程頤以廓清荒蕪自命，撰作「易傳」，以人事說易，南宋楊萬里之「誠齋易傳」更進一步以史實相比附。按自南北朝以來，王易先盛行江左，隋唐統一後，風行於全國，成爲易學正統，然仍有李鼎祚等研求象數，不尚空泛論說，及至程傳盛行，漢學遂由衰而微，乏人問津，幾至失傳。

1.宋人說易，大致不出王弼範圍，程頤尤坦承自己受王弼影響甚巨。宋儒自周敦頤（濂溪）作「太極圖說」，著「易通」，開宋代理學之宗後，更益輕視漢易，說易者皆專重義理，大多望文生義，不能據象釋辭，唯就表面文字，發揮己意，同時宋易亦純屬儒學，不似王（弼）韓（伯康）以老莊說易。宋儒宗義理之學者，較著者如北宋胡瑗、程頤以人事說易，邵雍倡圖書之學，南宋楊簡、王宗傳以心性說易，朱熹則兼取程邵之註立說，皆爲一時之權威。

2.按程頤的「易傳」（所謂「程傳」）、與朱熹的「周易本義」（所謂「朱義」），尤爲流傳至今義理之學的權威著作。

(1)南宋董楷首先將程傳朱義合爲一書，移朱義次序以合程傳，書名「周易傳義附錄」。

(2)明成祖永樂年間，胡廣奉敕撰「周易大全」，採用董本精神，作成一非程非朱、亦程亦朱的版本，章句悉依程傳，而將朱義註解附於程傳之後。

(3)清聖祖康熙年間李光地奉敕撰「周易折中」，以朱義爲首，（因爲易之本義，朱子獨得），程傳次之，（因爲易之義理，程易爲詳），並按所得深淺，所言粹駁，廣采漢晉唐宋元明諸儒有益於經旨的註解，係於朱義程傳之後，補充其說，又將不合於程朱、而可以另備一說、增廣釋義者，另標定爲附錄，以備參考，成爲義理之學的最佳版本。

(4)明清二代科舉考試專從朱義，坊賈貿利，節減篇幅，去「傳」留「義」，專以朱註刊行，明世宗嘉靖時，學官更從而刊定，題名爲「監本易經」，是爲今日書肆中最常見的周易版本。

3.但鄭剛的「周易窺餘」，則兼收漢學，其他如晁以道、朱震（漢上）、呂祖謙等之易說，亦皆含古義，鄭玄所註文言、序卦、說卦、雜卦四篇一卷，在南宋光宗淳熙以前，仍爲人所引用，王應麟且著有「鄭玄經註」，但至南宋季世，則幷皆亡失。

(二)按自南宋以後，學者確也漸知易象不可忽略，以朱熹爲例，朱子卽深悟空談名理不能貫澈易道精蘊，故其所撰（一說爲朱門弟子蔡元定所依託）之「周易本義」，程（頤）邵（雍）二說兼用，並亦注意象數，尚可矯正空談的弊病。由於朱子取用邵子之說頗多，於是首開以圖書說易的先緒，但朱子並未澈底探索易辭取象的根本，僅知以邵子易圖爲準，而未能博采漢易諸說，會通全易，且又拘泥於門戶之見，未曾暢所欲言，祇强調「聖人以卜筮教人」，以爲立說本義，至於說卦傳中的八卦象義，反略而不顧，或以不解解之，（按朱子喜用「故其象占如此」字樣，而未具體指出「象」爲何象），易象荒蕪，依然如故。程傳風行後，本已使漢易趨於衰微，朱義的盛行，更使漢學宋學間的鴻溝，愈益加深，此種現象，實非程朱二賢始料所及。自元明二代以來，漢宋二學派間門戶之爭益烈，雖賢者亦是難免，至於自古文人相輕，純視同異爲是非、而作意氣之爭者，更是等而下之的了。

陳摶
古太極圖

(三)圖書之學——宋代象數之學雖廢，圖書之學則興。易註在宋代以前，本來無圖，圖書之學，創自五代陳摶作太極圖（邵子先天圖所由出），摶傳種放，放傳穆修，三傳而至邵雍（康節），其後周敦頤（濂溪）之「太極圖說」李挺之之易圖，愈琰之直圖（後詳），乃至朱子之卦變圖等，皆自陳摶之學推衍而來。陳摶太極圖似本諸參同契，由道家所傳，而道

周子太極圖說附圖

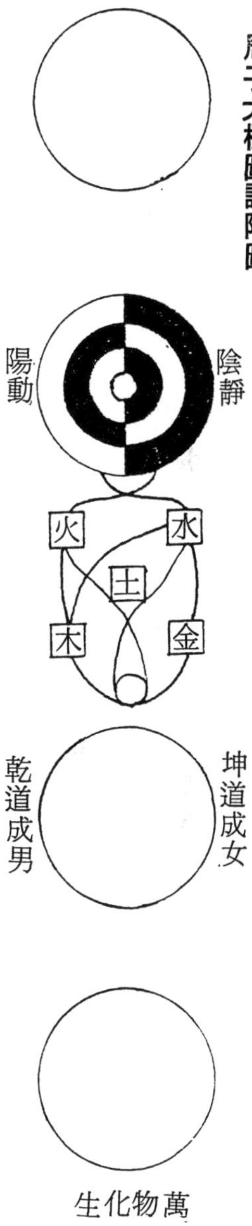

太極圖說全文：

「無極而太極，太極動而生陽，動極而靜，靜而生陰，靜極復動，一動一靜，互爲其根，分陰分陽，兩儀立焉。陽變陰合，而生水火木金土，五氣順布，四時行焉，五行一陰陽也，陰陽一太極也，太極本無極也，五行之生也，各一其性，無極之眞，二五之精，妙合而凝，乾道成男，坤道成女，二氣交感，化生萬物，萬物生生而變化無窮焉。惟人也得其秀而最靈，形既生矣，神發知矣，五性感動而善惡分，萬事出矣。聖人定之以仁義中正而主靜，立人極焉，故聖人與天地合其德，日月合其明，四時合其序，鬼神合其吉凶。君子修之吉，小人悖之凶。故曰，立天之道曰陰與陽，立地之道曰柔與剛，立人之道曰仁與義，又曰、原始反終，故知死生之說。大哉易也，斯其至矣。」

家的易圖，得之於川陜兩地爲多，可能最初係由老子西出函谷關時携同前往，此後爲道家人士所秘藏。按周子作太極圖說，實首開易學有圖之先例，自後說易者，遂無不有圖。

1.古太極圖又名天地自然之圖，趙謙撝「六書本義」曰，「天地自然之圖，伏羲氏龍馬負之出於滎河，八卦所由以畫」，世傳由蔡季通得之於蜀隱士，秘而不傳，趙氏得之於陳伯敷，細加觀察，發現其中有太極函陰陽、陰陽函八卦之妙，明太祖洪武以後，始盛傳於世。

2.古太極圖爲邵雍圖書之所出，邵子參照太極圖，取說卦傳「天（乾）地（坤）定位（天尊在上、地卑在下、故曰定位）」，山（艮）澤（兌）通氣（異體而氣通），雷（震）風（巽）相薄（動相搏擊、鼓動萬物），水（坎）火（離）不相射（相濟爲用、不相射害）」一章，倡先天之說，據以安排八卦卦位，稱之爲先天圖，而以乾一兌二離三震四巽五坎六艮七坤八爲先天卦之數，又取「帝出於震……」一章的方位爲後天卦位，作成後天圖，並以五十五者爲河圖，四十五者爲洛書，（圖見前壹之一節），以之爲八卦所自出，於是太極、兩儀、四象、八卦，而十六、而三十二、而六十四（後詳），立說與漢人完全不同，無異在易學中另闢一兼及數學的新境界。

先天圖

後天圖

(1)但邵子立說的當時，邵學並未盛行，說易者亦未以邵學治易，直至南宋朱熹以河圖、洛書、先後天八卦大小方圓圖、及其改訂之卦變圖附置「周易

古太極圖與八卦位置（先天圖前身）

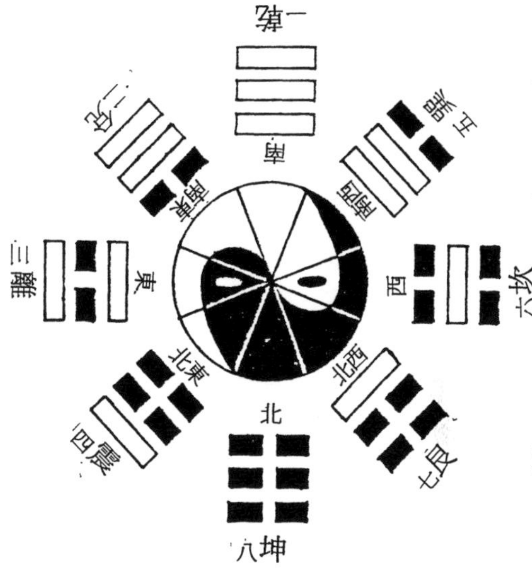

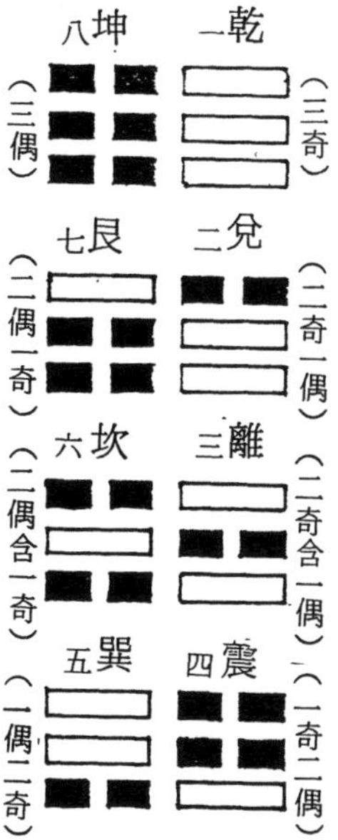

（易氣由下生而上長）

本義」卷首後，圖與經才相附麗，朱子又著「易學啓蒙」詳加闡明，於是邵子先天之學與周易遂相關連，歷經宋元明淸各朝，皆立於學官，定爲不刊的程式，使後人幾乎以爲易圖本爲易經所固有。雖然漢學派對易圖（尤其對河洛先天之名），攻擊非難，無所不至，但易圖的理數，確出之自然，蘊畜宏深，且諸圖精義，已明載說卦傳中，實非宋儒所能憑空臆造，其推算亦有徵驗，漢學易註如荀氏升降、虞氏納甲消息等，無不與先天方位相合，終不能以空言所得排斥。再者，得圖以證象，亦未嘗非易學一助，宋代易學之能與漢學相頡頏者，亦唯邵學而已。

(2) 按邵子之學，出自陳摶，所演先天圖，陰陽消長，亦與古太極圖完全相合。此圖環中爲太極，兩邊黑白回互，白爲陽，黑爲陰，八方三畫，奇（陽）偶（陰）與白黑質地次第相應，深得陰陽造化自然之妙。

①陰盛於北，陽起而相薄（迫也），震一陽始生於下而交陰，自震一陽而離而兌二陽，至於乾純（☰）陽而陽極盛。震位東北，白一分、黑二分，是爲一奇二偶；兌東南，白二分、黑一分，是爲二奇一偶；乾正南全白，是爲三奇純陽；離正東，取白中黑點，爲二奇含一偶，所謂對過陰在中。

②陽盛於南，陰來相迎，巽一陰始生（亦即一陽始伏）於下而消陽，自巽一陰而坎而艮二陰，至於坤純（☷）陰而陰極盛。巽位西南，黑一分、白二分，是爲一偶而奇；艮西北，黑二分、白一分，是爲二偶一奇；坤正北全黑，是爲三偶純陰；坎正西，取東側黑中白點，爲兩偶含一奇，所謂對過陽在中。

③離爲日，坎爲月，升降於乾天坤地之間，而無定位，故東西交易，與其他六卦相異。

(3)但太極無形無相，超乎道（形而上）器（形而下）之上，立乎其先，不可得而名狀，雖內涵陰陽而不見陰陽之迹，豈能以圖來繪畫形狀。古太極圖既有黑白之分，備具陰陽之用，已非太極眞相，故與其稱之爲太極圖，不如稱之爲兩儀（陰陽）圖更得其實。

(4)按明儒來知德似明悉太極非圖所能名狀，更改古太極圖，留黑白回

來氏太極圖

互者為兩儀，其陰陽從內向外，由微而顯，由顯而著，以符合消息自然，但在中央空一圓象太極，而以居中黑白二線，代替二點，以象陽方盛而陰已生，陰方盛而陽已生，有循環不絕的意義。但圖名仍稱太極，終不妥切，且一陰一陽之謂道（太極），太極由靜而動，乃顯陰陽兩儀，太極本即兩儀，兩儀中央似不宜更有一太極。

(四)兩宋已有印刷術，故易學著作之流傳至後世者，有六十餘種之多，其較著者如下：

1.北宋易學多半繼承河圖之說，邵雍的「古周易」、「先後天卦位圖說」、與以數言易之「皇極經世書」，程頤的「易傳」，張載的「易說」，司馬光的「潛虛」等，均為當時名著，而周敦頤的「太極圖說」與「易通」，更為宋代理學的根本，影響宋代學術思想至巨。此外李溉「卦氣圖」，李之才「變卦反對圖」，李覯「易論」等亦傳至後世。

2.南宋的易著，以朱震的「漢上易集傳」、「古易音訓」與朱熹的「周易本義」、「易學啓蒙」晁公武的「易學訓詁集」，呂祖謙的「東萊易說」為較著。

3.宋儒言易，亦有不言理象數而但言事者，以李光泰的「發讀易詳說」與楊萬里的「誠齋易傳」為較著，全經皆證以史實。楊萬里之書，因其本諸程傳，書坊將之與程傳並刊，名之為「程楊列傳」。

四、元明易學

㈠元明二代說易者，大半盤旋程朱足下，無甚發明，元代的吳澄、許衡、胡一桂等，明代的黃道周、王守仁、劉宗周、薛瑄等，雖均爲當時的傑出者，仍皆依傍於義理之學，不能成一家之言，但元儒陳應潤（著「周易爻義變蘊」）、明儒姚士粦（著「京氏易註」、「干寶易解」）則能獨明古義，明儒黃道周之「易象正」及「三洞易璣」以天象曆數明易理，但艱深奧衍，流傳不廣。

㈡明代中葉來知德崛起川中，以二十九年之功，據後天言象，間治以雜卦，成「來氏集註」一書，風行大江以南，當時推爲絕學，三百年不絕，然來氏錯綜之說，頗貽人口實，且來註非漢非宋，故亦同遭漢宋二派攻擊。來氏不信卦變之說，自以爲知曉錯綜，爲「數季所悟之象數」，竟大言「四聖（伏羲、文王、周公、孔子）之易，如長夜者二千餘年」，「自孔子亡而易亡」，至是始見其「成盛時一代之書」。但來註取象說理，淺顯明白，頗爲可取。

五、清代及光緒甲午以後之易學

㈠自明永樂中朝庭專取程傳朱義爲矜式後，易學途徑愈窄，經義益晦。清儒於象數之學廢棄千年後，精考古義，漸求漢易，始則康熙時李光地奉勅修「周易折中」，雖稱漢宋兼收，而實仍偏重宋學，及至乾隆時惠棟（定宇）作「周易述」，始純取象數解易，此後張惠言之「易學十種」，姚配中之「周易姚氏學」，皆能獨抒己見，對漢易象數之學的存復，厥功甚偉。

㈡有清一代，經學之盛，遠過宋明，清代易學偏重象數之學，較著者有黃宗羲的「易學象數論」，毛奇齡的「仲氏易」，惠士奇的「易說」，其子惠棟的「周易述」（旅卦以下各卦及序卦雜卦二傳由弟子江藩續成）、「易漢學」、「易例」，張惠言的「周易虞氏義」、「虞氏消息」、「虞氏易禮」、「虞氏易事」、「虞氏易言」、「虞氏易候」、「周易鄭氏義」、「周易荀氏九家義」、「易圖條辨」、「易義別錄」十種，姚配中的「周易姚氏學」，焦循的「易章句」、「易通釋」、「周易補疏」等，四庫全書易部所藏，有一百五十二種之多。

㈢此外廣森、孫星衍、江藩、皮錫瑞、成蓉鏡、兪樾等亦各有著述，李道平疏周易集解，多所闡發，顧亭林阮元等雖不專治易，其音韻、訓詁、考據，於易義多所發明，紀大奎之「易問」、「觀易外編」，闡發性理，與六十四卦爻象變通相契合，爲歷來所未有。

㈣但光緒甲午以後，新進學人偏信西學，厭棄古學，影響所及，易學日就衰微，早在清代季世，一所國立大學，已無法聘得一完全的經學教授。按清末民初治易者，以杭辛齋最有心得。

㈤民國成立以後，經學非但更不受重視，且數遭摧殘，以致一般人不知周易爲中華文化的根源，甚至誤以爲是迷信，說易者又每多空言漫談，甚至故作玄幻怪誕之語，或爲不着邊際之說，鮮有人眞正深入經義，尋求經旨，以致易義隨日愈晦。時至今日，大學國文、歷史、政治、及哲學四系未能列周易爲主要課程，甚至四系研究生之問津易經者，亦是寥寥可數，易學之有待振興，已是刻不容緩之事了。

六、對漢宋二學的體認

㈠兩漢易註自永嘉之亂後，已無完書，雖經歷代好古之士探索蒐輯，大多東鱗西爪，十不存三四，象數易除唐儒李鼎祚「周易集解」外，能夠集合成書者，已是不可多見。至於義理之學完全不缺者，當首推王弼之註爲最古，與孔穎達「周易正義」並傳，連同宋代之程傳朱義，皆爲列代官書所刋布。

按自王弼掃象，繼之以唐代（孔穎達）黜鄭崇王後，象數之學，一度衰微，宋以後言象數者，又雜以邵雍圖書之學，於是易學分爲漢宋二派，門戶之見日深，歷時千年，不但漢宋之間相爭，同爲漢學，尊鄭（玄）則黜虞（翻），是孟（喜）則非荀（爽），同爲宋學，又有洛（程顥程頤爲首）蜀（蘇軾爲首）之辯駁，朱（熹）陸（九淵）之異同，幸而淸儒惠（棟）張（惠言）等博及羣書，旁搜博采，興復漢學，承學之士，俾可略得窺見古學梗概，一洗空疏之弊。

㈡自來言易者，大致不出漢宋二派，各有專長，也各有所蔽。

1.漢學重名物，重訓詁，一字一義，辨晰異同，多方考訂，以求其本之所自，其意之所當，且嚴遵家法，恪守師訓，不敢移易尺寸，嚴正精確，足可爲說易者所師法。但其蔽在墨守故訓，棄糟粕而遺精華，株守一說不移，難免隘陋之誚。

2.宋學正心誠意，重知行之合一，嚴理欲之大防，踐履篤實，操行不苟，所謂和順於道德而理於義，窮理盡性以至於命，正爲宋學的特徵。但宋學承王弼掃象遺風，不知據象釋辭，惟就經傳文字表面意義，以己意揣測，空言說理，任意發揮，甚至於不可通之時變更句讀，移易經文，斷言爲錯簡脫誤，此則非漢學家所敢擅爲的了。

第二部　周易要義

壹、釋名——卦象爻象辭

欲明易義，首須瞭解下列五項專門名詞。

一、卦——何謂卦？易緯乾鑿度曰：「卦者掛也，掛萬物（以示於人，使人）視而見之也」。卦亦用來明示「時」的因素，包括時間、四時、時勢、時變、時宜、時當其可。卦是易經諸卦未繫文辭前、卽已開始用來表明易象的符號。

㈠「卦」由陰（⚋）陽（⚊）兩種「爻」組成，爻畫雖象陰陽之氣，而尚未具備萬物雛形，故必須有三層爻位以象「天」覆於上，「地」載於下，「人」生天地之中，與天地並立爲三。此天地人三者特名曰「三才」，才者、能也，天能覆，地能載，人能參天地，故皆稱爲才。三畫之卦共有乾☰坤☷震☳巽☴坎☵離☲艮☶兌☱八種，八卦的形成詳次節。

㈡但三畫的基本卦祇可視爲基本元素Element，僅足以表徵八種類型的靜態自然現象而已，尚未能盡其變通之理，故必須兩兩（包括自身）相重，成爲六爻卦，使基本卦間兩相關連，由靜態進入動態，發生往來變通的關係，才能從天道自然中，探求人事得失吉凶之理，藉以教人則法自然，行天道以正人德。所重二象，上卦又稱外卦，下卦又稱內卦，卦下所繫文辭名曰「彖辭」，彖辭卽整卦的卦辭。

二、彖——彖者斷也，用來斷定一卦成卦之才德，統述卦義，以結構全卦。彖（卦）辭聚卦中衆多意義，說三才而言乎象，爲文王繫於卦下之辭；彖傳（今本「彖曰」部分文字）用來解釋彖（卦）辭，先釋名，後釋辭，統論一卦之體，卦之德性（卦德），與其質性之所以爲用（卦才），並說明成卦的由來，與一卦之所以爲主。

三、爻——爻者傚也，卦中趨合時宜（所謂「趣時」）、仿傚萬物之動而立象者爲「爻」。「爻」涉及象的變動，變而合於理爲得，動而乖於理爲失，得則吉，失則凶。

㈠宇宙萬象不出一正一反之理，正反之象，用爻來標示，正向動態者爲陽（剛）爻，以連畫「—」標示，反向靜態者爲陰（柔）爻，以斷畫「--」標示，陽爻以「九」、陰爻以「六」爲代表數字，與由下而上的初二三四五上名次連用，冠於爻辭起首，藉以辨明爻的陰陽質性與上下位置，（後詳）。

㈡爻辭爲周公所作，用來仿傚萬物現象，說明一卦因六爻動靜變化、而生吉凶悔吝的情狀。積爻則成卦，故爻爲卦之體，爲成卦的工具。但爻動則卦變，故爻又爲卦之用，卦之體用全在於爻。

四、象——象者，擬象事物形狀，取其法象及卦爻德性，以示於人之謂，故捨棄「象」、則不可以言易。六爻之象，周公繫以爻辭，孔子作象傳加以解釋，（卽今本「象曰」部分文字）。象傳含大象小象，由於彖詳象略，故象傳文字在彖傳文字之後。

㈠大象位於彖傳文字之後，以上下卦間關係取義，要在將外在世界納入人類內心，用道德精神來點化理想人格。

㈡小象分別置於相關爻辭之後，用來解釋爻辭。

㈢乾卦象傳按「彖先象後」的次序，置經文後，不再分割；坤卦以下六十三卦則大象在彖傳後，小象分屬各相關爻、附於其後。

五、辭——文王周公舉卦爻之象而推其義，表之以文字者謂之辭。

㈠凡總一卦之義者曰彖辭，為大前提；探卦辭之所指，據一爻之象，而闡明卦中一義者曰爻辭，為小前提。

㈡卦明終始，爻釋事物；卦為體，爻為用；卦為時，爻所以適時之變。

㈢彖辭爻辭總稱為經，釋經者為傳，孔子為經所作傳文共十篇，謂之「十翼」。十翼謂十篇經文的羽翼，藉此可以瞭解經文，猶鳥有翼可以高飛。

貳、八卦的形成與意義

一、八卦的形成——有卦而後有象，有象而後有辭，因此研究易理必須首先瞭解八卦如何形成，與其所代表的意義。八卦的形成，理出繫辭傳所載下句我國古來傳統之一元論Monism二分法Dichotomy宇宙觀Cosmology：

「易有太極，是生兩儀，兩儀生四象，四象生八卦」。

南宋朱熹對此句哲理甚爲重視，稱之爲「易學綱領、開卷第一義」。換言之，讀易一開始就先須瞭解八卦的由來，因爲對八卦的瞭解，正爲整部易學的總綱要領。

㈠易有太極

1.何謂「太極」？此一問題，人類以其有限的智慧，顯然是解答不出來的。就字面意義而言，至大至尊無上之謂「太」，至極無對之謂「極」。

⑴「太極」或「道」是天地未分、兩儀未判前「渾淪無端」的先天「元」氣，是無名之名、無狀之狀、無象之象，不能以名稱形狀來形容，它是「无」（後詳），是創始，是造物主，无有而无不有，无在而无不在。

⑵西方哲學將「太極」（「道」）比之爲絕對、恒常、無限（老子的「无」）、無差別、無聲、無形、無臭而無所不在的「宇宙本體」，是「最後的實在」。

⑶宗教家於此至極不可名狀處，歸之爲「神」，稱之爲創始的「造物主」。

2.我國先聖先賢對「太極」或「道」、皆以「不知道」爲出發點，各抱不同態度：

⑴先賢以孔子爲代表，儘量避免談及此一問題，此可由莊子所謂「六合之外，聖人存而不問」，

與論語所謂「子不語怪力亂神」見之。儒家尤然，因爲孔子贊易，爲經作傳，本是爲中智之人說法，因此孔子言「有」不言「无」，言「德」不言「道」，祗圖使人心合乎天（道）心，修身俟命而已。着眼於此，孔子於繫辭傳中曰、「易有太極」，孔子之所以特別表明「易有」二字，蓋欲以「有」發生「萬有」立論，藉此來明示其以「有」立教之旨，此與老子的以「无」立教，顯不相同。

(2)道家暢談此一問題，但歸根結底，還是一個「不知道」。

①老子曰：

「有物混成，先天地生，寂兮寥兮，獨立而不改，周行而不殆，可以爲天下母，吾不知其名，字之曰道，强名之爲大」。——按佛經有如下類似的論點：「有物先天地，無形本寂寥，能爲萬象主，不逐四時凋」。

「道之爲物，惟恍惟忽，惚兮恍兮，其中有象，恍兮惚兮，其中有物，……復歸於无物，是謂无狀之狀，无象之象，是謂惚恍，迎之不見其首，隨之不見其後」。

「道、冲而用之或不盈，淵兮似萬物之宗，……湛兮似或存，吾不知誰之子，象帝之先」。

「人法地，地法天，天法道，道法自然」。

「道可道，非常道，名可名，非常名」。

「天下萬物生於有（有限），有生於无（無限）」。

老子的基本態度，以爲此一以自然律爲依歸的「道」（「太極」），雖化生萬物，而實更先於造物主，它無始無終，綿綿若存，無法可以道說，祇好勉強稱之爲「道」，名之爲「大」，歸之爲「无」（无限），因爲若其可以道說，那就不是絕對、无限、恒常不變的宇宙本體，而直是由這「最後實在」所化生，足以分享其絕對無限之中某一部分可名可道相對有限的「現象」界事物而已，（有限分享部分無限之說、借用古希臘米勒多Miletus學派哲理），因此「太極」或「道」爲无名之名、无狀之狀、无象之象，既非「有」，亦非「无」，根本無法用言語來形容。

②莊子之說，大致與老子相同，大宗師篇曰：「夫道有情有信，无爲无形，可得而不可見，自本自根，未有天地，自古以固存，神鬼神帝，生天生地，在太極之先而不爲老，（按宋儒周敦頤太極圖說所謂「无極而太極」之「无極」，似出於此），在六極之下而不爲深，先天先地而不爲久，長於太古而不爲老」。列子則直稱之爲「氣形質具而不相離」的「渾淪」。何謂渾淪？乾鑿度曰：「渾淪者，言萬物相渾淪而未相離，視之不見，聽之不聞，循之不得，」亦即老子所謂「有物混成」，未有分判而「先天地生」者。

3.有無之「無」，周易皆作「无」，此爲易之特例。

(1)說文曰：「天屈西北爲无」。此謂「无」字乃「天」字屈其右下一筆所成。按右下方在後天圖中爲西北方，後天西北（右下方）是乾位，乾爲天，乾天圜而往，坤地方而來，往者「屈」而

後天圖

來者「信」，故曰「屈」。又天屈西北，西北爲戌亥之方，戌亥正處繼往開來之交，故也有「屈」義。

(2)「无」與「無」訓詁相同而意義不同，「無」以「有」與之相對，「無」「有」相對，則一陰一陽已成兩儀，不再爲太極。「无」則無物與之相對，超乎「有」「無」之上，立乎兩儀之前，爲羣「動」之根，開萬「有」之宗，非後天之乾卦不足以當之，因爲乾元无方无體，目不可得而見，耳不可得而聞，無可得而擬諸形容，萬物之生，皆資取於乾元，乾元就是太極。

2. 然則太極（道）究竟何在？

(1)神學家曰：「神（道）無時不存，無所不在」。二千餘年前我國莊子也是如此說，因爲天地萬物是無不依之而生的。古希臘哲學家赫拉克里多士 Heraclitus 則認爲欲知「道」之所在，當回歸內心，反求諸己，赫氏稱「道」爲 Logos，Logos 爲變中的不變，動中的不動，它集永恒、不變、不死、不滅諸相於一身，與人人相共處，對人而言，一切相對的衝突矛盾，如以絕對的「道」來衡量，皆屬齊一，（頗似莊子齊物論所謂「道通爲一」），皆可以在「道」中獲致和諧，但人對「道」竟是如此陌生，這是因爲「道」隱藏人心至深之處，且又超乎時空之上，以致訪道者愈求愈遠，人類力圖以外在行爲，遠離自身，有心的向時空界形同海市蜃樓的外在現象中去謀求「聞道」，結果如同椽木求魚，愈求愈不可得，（借用德國哲學家康德之說），正確的途徑，唯有回歸內心，從心靈深處探求，使現象合於本體，才能夠入於寂寥，與「道」爲一。總之，無限的「道」，本在有限的人心之中，不能向外去求，向外求是求不到的。雅典學派的柏拉圖 Plato 也認爲如能使心靈完全返照自己，就可以進入一純眞的境界，因爲人心本來具備眞理的觀念，此種觀念與生俱來，祇要解脫肉體與官能的拘束，（類似佛家的「破我執」），就可以逸出自身束縛，使眞理觀念由晦隱而彰顯。

(2)以上希臘古哲的學說與佛道二家所持「吾心卽道」的態度，很是相近。一個老和尚帶着一個小和尚到海邊，老和尚讓小和尚面對大海，要小和尚去找眞理，小和尚目睹茫茫大海，一望無際，失望的反問老和尚道：「師父啊，前面一片汪洋，叫我向那裏去找眞理？」老和尚的回答，祇是「回頭是岸」四個字，老和尚的意思，是說「道」本是人心具足，應向自己內心中去求，向身外去找，是找不到的。因此禪學強調內心自證，主張「直指人心，見性成佛」，和「以心傳心，不離自性」，而以「戒、定、慧」爲修眞成聖的不二法門。

(3)人同此心、心同此理，以上諸說與大學的「知止而後定，定而後能靜，靜而後能安，安而後能慮，慮而後能得」；老子的「致虛極，守靜篤，萬物並作，吾以觀復」；莊子所持物我雙遣的「坐忘」，參同契的「自本還原，復我先天未生身處之本來面目」之說極爲相似，人惟脫出小我軀殼，才可以直達「眞如」（按「眞如」者，眞實於一切法、常如其性而不改變）的境界。

㈡是生兩儀

1.對「太極（道）究竟爲何」這個問題，能於無可道說中，獲得一較不太玄之說法者，當推易理的「太極生兩儀」。

(1)就易理的觀點而言，所謂「太極」或「道」，借用辯證法用語，爲一內涵一正（陽）一反（陰）二種演化力量（所謂「氣」）、而尚未分判的「矛盾統一體」，也就是繫辭傳所謂「一陰一陽之謂道」。先民稱正向者爲「陽」，用連貫的奇畫「⚊」來標示，稱反向者爲「陰」，用中斷的偶畫「⚋」來標示，陰陽一旦顯生，又倚之以參天兩地之數（後詳），於是无形无限不可聞不可見的「太極」（「道」），就儼然有正反「兩」種容「儀」可尋，可以按天地陰陽往來生物成物之理、而意會其內涵的質性了。這是天地造化之至理，亦卽繫辭傳所謂「鬼（陰）神（陽）之情狀」，究其理、不外「自然」而已。

(2)但孔子作傳，祇言「太極生兩儀」，而未進一步說明太極（一）如何能生陰陽兩儀（二）。由一生二之理，唯見之於老子道德經，老子對其宇宙觀「道生一（渾淪沖虛一氣），一生二（天地陰陽兩儀），二生三（天地既闢，人生其間，成天地人三才），三生萬物（萬物同時生成）」的所以然，歸之於「反（反无爲有）者道之動，……天下萬物生於有（有限），有生於无（无限）」。換言之，「道」（「太極」）之所以能「一分爲二」，反无限爲有限，是因爲道體由靜態轉爲動態所致。

(3)莊子對「一生二、二生三」的解釋，見於齊物論篇，莊子曰：「一與言爲二，二與一爲三」。一一之所以與言爲二者，一爲心，心靜止時，「寂然不動」，故爲一，心由靜而動時，即起念頭，一起念頭，「感而遂通」，就有了對象，一有對象，所動念頭與所感對象，就形成爲二，一者、中也、正也，一止爲正，止卽「寂然不動」，故正爲一，中庸曰：「喜怒哀樂之未發謂之中，發而皆中節（合乎節度）謂之和，中也者，天下之大本也，和也者，天下之達道也」，故中亦爲一、發則一轉成二，但既發則可以中節、亦可以不中節，此二者與一（中）又形成爲三。因此「一」之爲數，起於人心，心一動則「數」亦由之而生，故一生二、二生三，無非由靜轉動之所致。

2.宋儒周敦頤（濂溪）在其「太極圖說」中（全文及圖見第一部「兩宋易學」節）本乎老子「反者道之動」之說，對太極之所以能生兩儀，作更爲詳盡而科學化的解說，太極圖說曰：「无極而太極，太極動而生陽，動極而靜，靜而生陰，靜極復動，一動一靜，互爲其根，反陰分陽，兩儀立焉。」由太極圖說，可知：

(1)太極（道、宇宙本體）在原始靜態下，本是渾淪未分未見的冲虛一氣，爲一矛盾統一體，希臘古哲亞里士多德 Aristotle 喻之爲「原動者不動」。

(2)當絕對而無限的太極由靜而動時，就顯生出相對而有限的一正（陽）一反（陰）兩種演化力量來了。首先顯生的是正向動而擴散揮發的動力（所謂「陽」氣）當動力發展至於極限時，動（陽）極轉靜（生陰），反向靜而凝聚收歛的靜力（所謂「陰」氣），隨着就顯生了，但當靜力發展至極限時，又靜（陰）極轉動（生陽），如此動而又靜，靜而又動，循環不息，宇宙萬象之所以有條不紊，無非是這動靜二種力量正反交替變化，推盪運轉，調和節制、相輔相濟的自然而又必然的產物而已。

(3)這正反動靜二種力量，以「氣」而言，稱爲陰陽，以「形」而言，稱爲剛柔。

①陽（剛）——象徵剛實、強健、剛強、君子、男、君、動、明、表、伸、乾、天、日、神、晝、雄、顯、吉、善、生、存等。

②陰（柔）——象徵虛靈、柔順、柔弱、小人、女、臣、靜、暗、裏、屈、坤、地、月、鬼、夜、雌、隱、凶、惡、死、亡等。但陰道不必一定非代表凶惡小人不可，如其能助陽成物，有柔順之德，仍不失爲善、爲吉、爲君子。

③以人爲喻，陽又象徵人類動的意志，屬心、屬魂、屬精神而積極；陰又象徵靜的軀幹，屬身、屬魄、屬形質而消極。宋儒認爲心的動（感）靜（寂）即是一陰一陽，人心之危、道心之微，也是一陰一陽，陰陽兩儀之妙，不外於人之一身，因此言太極者，與其求諸遠物，不如求之近身。

3.代表陰陽的奇畫「⚊」偶畫「⚋」通稱爲「爻」。

⑴一卦之中，六爻陰陽奇偶相雜，所繫爻辭，卽因其所當「時」（時間、時勢、時宜）「位」（空間、卦位、爻位）、與所象事物，而指陳其得失吉凶之理，因此「爻」可說是仿傚萬物現象、藉以說明動靜變化的工具。唐儒孔穎達曰：「變化運行，在陰陽二氣，故聖人因之初畫八卦，設剛柔二畫，象二氣也，布以三位，象三才也，謂之爲易，取變化之義也。」

⑵爻在卦中的地位，大致卦爲時，卦辭言一卦之「體」；爻則牽涉到事的時位，適時而變，據時之「用」而爲言。爻位分爲三、而又兩之（八卦相重成六爻的六十四卦），足以包括衆理，引伸觸長，畢盡天下的能事。

⑶要之，宇宙萬象，無非一正一反、陰陽消長、往來交錯之理而已，有其理卽有其象，有其象卽有其數。南宋蔡元定曰：「天下萬事出於一闔一闢，天下萬理出於一動一靜，天下萬數出於一奇一偶，天下萬象出於一方（陰）一圓（陽），盡起於乾（陽）坤（陰）二畫。」

4. 南宋朱熹對太極生兩儀又有其獨到的解釋。

⑴朱子認爲太極就是「理」，是天命的流行，陰陽就是「氣」，是氣機，理無形而氣有迹，太極生兩儀是理生氣，兩儀既生，太極仍在其中，理復在氣內，氣有動靜，所載之理亦有動靜，太極是本然之妙，無所謂動靜，兩儀則是動靜，動靜就是所乘的氣機。

⑵朱子又認爲性猶如太極，心猶如陰陽，太極則在陰陽之中，非能離陰陽，太極才動便屬陽，才靜便屬陰，陰靜之中自有陽根，故靜極必動，陽動之中自有陰根，故動極必靜，一動一靜，循

環無端，無靜不成動，無動不成靜，天地之間，只有動靜二端，更無餘事，只是兩個陰陽，括盡天下事物。

5.按陳摶所傳的古太極圖，陰陽各半，以反S形曲線爲界，左陽右陰，陽（白）的半邊中有一黑點，陰（黑）的半邊中有一白點，此二小點表示陽有陰根，陽中伏陰，陰有陽根，陰中伏陽。按照辯證法「質量互變律」的原理，當陽氣由微發展至極盛時，陰根由伏而顯，量的漸變至終成爲質的突變，故陽極可以變陰；同理，陰氣由微發展至於極盛時，陽根由伏而顯，量的漸變至終成爲質的突變，故陰極也可侍變陽，所謂「无往不復」、「物極必反」，正是質變後的新生事物，否定了量變前的舊有事物。

古太極圖

6.由上可知當太極由靜轉動時，正（陽）反（陰）兩種演化力量跟着顯生了出來，整個宇宙也隨卽開始顯現了容儀，借用古希臘米勒學派哲理，此時宇宙開始由無限（老子的「无」）進入有限（老子的「有」）、由絕對進入相對的範圍，所生相對有限的事物，各分享了絕對無限中的一部分，這正是「太極生兩儀」的眞諦，儀者、容也，無形的宇宙隨此「一生二」的過程、而開始顯出了正反兩面的容儀。希臘古哲認爲最初所生的有限事物是天地，陽性的天、成於擴散的動力，陰性的地，成於凝聚的靜力，這與乾鑿度「清輕者上（卽擴散）爲天、濁重者下（卽凝聚）爲地」之說，幾乎是不謀而

合。天地既分，人與萬物即生於天地之間，相與並立爲天地人三層現象，亦即所謂「三才」。

7.按兩儀並稱時，每以陰在陽上稱「陰陽」而不曰陽陰者，此爲天地之大義，易道之妙用，因爲天（陽）德剛健已極，不宜再好先，好先則過亢而有悔吝，（乾卦上九所謂「亢龍有悔」），故必須剛而能柔，虛懷自謙，不爲人先，始可免咎。再者，天道創始萬物、而不能成終萬物，必須有賴地道繼續代成其終物之事，（坤卦文言所謂「地道无成而代有終」）且天氣上升，地氣下降，坤地在乾天之上，則陰陽二氣相交而成泰卦，「萬物通、上下交、而志同」（彖傳文），乾天在坤地之上，則陰陽二氣不相交而成否卦，「萬物不通、上下不交、而天下无邦」（彖傳文），故陰陽並稱時，陰在陽先而稱「陰陽」。

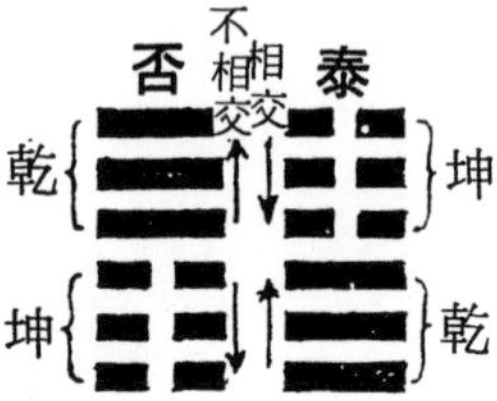

8.由上易理，可知宇宙之中，有正面者，就必定有反面相對稱者並存。

(1)故有男人則必有女人，有奇數則必有偶數，有正數則必有負數，有白晝則必有夜晚，有擴散則必有凝聚，力有動力則必有靜力，有離心力則必有向心力，有作用則必有反作用，能有動能則必有勢（位）能，電有陽電則必有陰電、原子中有質子則必有電子，血脈有動脈則必有靜脈，人心有感則必有寂，乃至有物質則必有反物質 Anti-mass，有宇宙則必有另一質量相等、互相對稱之反宇宙 Anti-cosmos 存在。大而宇宙爲一太極，小而人心亦爲一太極，天地萬事萬物莫不各爲一太極。

(2)反宇宙之說，自從美國太空人於登月途中在外太空發現反物質後，已告肯定。科學家普遍推斷大約在一百三十億年前，宇宙本是一小團由物質與反物質所混成的濃密原始「質」，爲某種超自然的「能」所緊縮，（近似渾淪未分的「太極」），由於不明原因，此團原始之「質」逐漸膨脹，以至於分裂，其所含物質與反物質微粒彼此間互相撞擊，產生了推動宇宙的運轉力量，並以自身引力形成星河，正物質形成我人所在的正宇宙，反物質形成與相平衡對稱之反宇宙，（類似太極動而生兩儀）。英國科學界認爲反宇宙約在一億光年外，以大於光速的速度，環繞正宇宙運轉，因此反宇宙的時間是倒退的，這與易理「陽動而進、陰動而退」之說，頗爲相合，但也有另一種說法，說是宇宙中心爲一大反宇宙，正宇宙包圍反宇宙在外運轉。無論如何，有一點二說相同，即正反二宇宙的全部質量相等，反宇宙是正宇宙的反面，有如鏡中之像，二者互相平衡對稱，中間隔有一層眞空的零宇宙，（太極圖中分隔陰陽的反S形曲線？）。以上發現，已使「太極生兩儀」的哲理，因爲經科學觀察證實，而由哲學的範疇，進入了科學的領域。

(三)兩儀生四象

1太極生兩儀，一分爲二，並不至此爲止，因爲所謂兩儀，陽亦一太極，陰亦一太極，換言之，陽中含有一陰一陽，陰中亦含有一陰一陽，（例如正數可有奇數偶數，負數亦可有奇數偶數；男人有剛强者、有柔弱者，女人亦有剛强者、有柔弱者），於是兩儀之動，又顯生陽中之陽、太(老)陽，陽中之陰、少陰，陰中之陽、少陽，陰中之陰、太（老）陰。此等由二所分之四，謂之「四象」。

2.宋儒邵雍並認爲兩儀生四象，係由「陰上交於陽、陽下交於陰」而成，「陽儀有感，覆一陽於上，是爲太（老）陽，覆一陰於上，是爲少陰；陰儀有感，覆一陽於上，是爲少陽，覆一陰於上，是爲太（老）陰」。又曰：「四象謂陰陽剛柔，有陰陽然後可以生天，有剛柔然後可以生地，立功之本，於斯爲極」。

3.就曆象而言，天地陰陽之氣相交，化生春夏秋冬四時，四時卽四象。乾鑿度曰：「易始於太極，太極分而爲兩，故生天地，天地有春夏秋冬之節，故生四時」。四時於五行配木（春）火（夏）金（秋）水（冬），（土則在中央王四季），水火金木，皆稟天地而有。

邵子八卦橫圖

	一	二	三	四	五	六	七	八
八卦（天）	乾	兌	離	震	巽	坎	艮	坤
四象（人）	太陽		少陰		少陽		太陰	
兩儀（地）	陽				陰			

太極

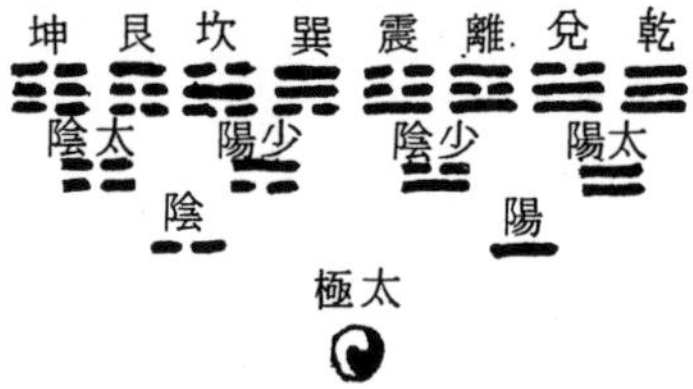

(四)四象生八卦——四象又各自爲一太極，又各內涵正反陰陽兩面，於是太（老）少陰陽四象之動，又進而顯生乾兌離震巽坎艮坤八卦，至是三才之象始備。邵子將易經的宇宙觀，繪成八卦橫圖。

1.根據易經的宇宙觀，當四象形成時，八卦亦同時形成，八卦本來就是四象，四象不失一陰一陽之理，而一陰一陽之謂道（卽太極），歸根結底，陰陽本是太極一體的二面，雖陰陽異位，動靜異時，而實皆不能脫出太極的範圍。朱子曰：「陰陽只是一氣，陰氣之流行卽爲陽，陽氣之凝聚卽爲陰，非直有二物相對，二氣之分，卽一氣之運」。朱子此說顯示我國古來傳統的宇宙觀，形態上雖是二分法，本質上則屬一元論。

2. 宋儒以人心爲喻，以爲宇宙固然是一太極，萬物莫不各爲一太極，人心尤不離一太極，因爲道心是性命之正、屬陽，人心是形器之私、屬陰，而人心又不外寂與感，此中寂然不動屬陰，感而遂通屬陽，雖感而復寂、寂而復感，但寂然之體（太極）常在，所謂「一可以統攝一切」，卽此之謂。

(五) 邵子除將八卦的形成繪製橫圖外，並繪製繼續三次二分（事實上是八卦相重）、由八而十六、十六而三十二、三十二而六十四卦的橫圖（後詳）。

1. 此等橫圖於淸初康熙三十七（西曆一六九八）年，由耶穌會神父白進 **Joachim Bouvet** 帶往德國，爲哲學家兼數學家萊布尼茲 **G.W.Leibniz** 所見，萊氏發現橫圖與其在一六七九年所發明二進位 **Binary** 數學的精神，全相契合。萊氏以1爲陽，以0爲陰，將邵子六十四橫圖自坤逆向至乾，配以0至63數字（稿存漢諾威 **Hanover** 圖書館），並認爲宇宙一切皆自0與1而來。

2. 按照八卦欄所列二進位數字，萊氏並以創始記爲證，以000（坤）象徵先天地創造的定基者，此後七天（卦），每天表示已存在與被創造之物，第一天001（艮）象徵神的存在，第二天010（坎）象

太極	兩儀	四象	八卦	十六卦	三十二卦	六十四卦	
	0 陰	00 (0) 太(老)陰	000 (0) 坤	0000 (0)	00000 (0)	000 000	(0) 坤
						000 001	(1) 剝
					00001 (1)	000 010	(2) 比
						000 011	(3) 觀
				0001 (1)	00010 (2)	000 100	(4) 豫
						000 101	(5) 晉
					00011 (3)	000 110	(6) 萃
						000 111	(7) 否
			001 (1) 艮	0010 (2)	00100 (4)	001 000	(8) 謙
						001 001	(9) 艮
					00101 (5)	001 010	(10) 蹇
						001 011	(11) 漸
				0011 (3)	00110 (6)	001 100	(12) 小過
						001 101	(13) 旅
					00111 (7)	001 110	(14) 咸
						001 111	(15) 遯
		01 (1) 少陽	010 (2) 坎	0100 (4)	01000 (8)	010 000	(16) 師
						010 001	(17) 蒙
					01001 (9)	010 010	(18) 坎
						010 011	(19) 渙
				0101 (5)	01010 (10)	010 100	(20) 解
						010 101	(21) 未濟
					01011 (11)	010 110	(22) 困
						010 111	(23) 訟
			011 (3) 巽	0110 (6)	01100 (12)	011 000	(24) 升
						011 001	(25) 蠱
					01101 (13)	011 010	(26) 井
						011 011	(27) 巽
				0111 (7)	01110 (14)	011 100	(28) 恒
						011 101	(29) 鼎
					01111 (15)	011 110	(30) 大過
						011 111	(31) 姤
	1 陽	10 (2) 少陰	100 (4) 震	1000 (8)	10000 (16)	100 000	(32) 復
						100 001	(33) 頤
					10001 (17)	100 010	(34) 屯
						100 011	(35) 益
				1001 (9)	10010 (18)	100 100	(36) 震
						100 101	(37) 噬嗑
					10011 (19)	100 110	(38) 隨
						100 111	(39) 无妄
			101 (5) 離	1010 (10)	10100 (20)	101 000	(40) 明夷
						101 001	(41) 賁
					10101 (21)	101 010	(42) 既濟
						101 011	(43) 家人
				1011 (11)	10110 (22)	101 100	(44) 豐
						101 101	(45) 離
					10111 (23)	101 110	(46) 革
						101 111	(47) 同人
		11 (3) 太(老)陽	110 (6) 兌	1100 (12)	11000 (24)	110 000	(48) 臨
						110 001	(49) 損
					11001 (25)	110 010	(50) 節
						110 011	(51) 中孚
				1101 (13)	11010 (26)	110 100	(52) 歸妹
						110 101	(53) 睽
					11011 (27)	110 110	(54) 兌
						110 111	(55) 履
			111 (7) 乾	1110 (14)	11100 (28)	111 000	(56) 泰
						111 001	(57) 大畜
					11101 (29)	111 010	(58) 需
						111 011	(59) 小畜
				1111 (15)	11110 (30)	111 100	(60) 大壯
						111 101	(61) 大有
					11111 (31)	111 110	(62) 夬
						111 111	(63) 乾

徵天地的創造，（1為天，0為地），至最後第七天111（乾）則萬有存在，此最後一天最為完全，故為安息日。此說顯然與易理不合。

二、八卦的意義與特質

(一)八卦的意義

1.以哲學的眼光來看，八卦是宇宙本體（太極或道）化生萬物現象（六十四卦）中間過程（繫辭傳所謂「小成」）中所產生的八類自然基本元素Element。印度哲學所列的自然基本元素是「地風水火四大」，印度人認為萬象皆不出此「四大」的範圍，（佛家更認為四大皆空），八卦事實上也不出「四大」的範圍，因為就基本代表意義而言，坤（地）艮（山）屬地，乾（天）巽（風）屬風，坎（水）兌（澤）屬水，離（火）震（雷）屬火，但八卦所代表的意義，不限上述一端，先民以八卦為符號，將構成萬象的自然元素歸納為八大類型，每一符號（卦）「近取諸身、遠取諸物」（繫辭傳文），可以代表多重意義，具備多重卦才卦德（詳見說卦傳），例如：

(1)比擬自然現象　乾純陽象「天」。坤純陰象「地」。震一陽始出地中，奮奔而上象「雷」。巽初陽入伏，氣之善入者為「風」。坎中陽動入坤地之間，象「水」流行崖間。離上下皆陽，陽光外照象「火」。艮一陽隆起坤地之上象「山」。兌上截坎水半見，下截重陽剛實，淤塞於下象「澤」。

(2)比擬身體器官　乾天圓在上象「首」，坤地藏財富，包容萬物象身「腹」。震一陽動下，象

「足」之行。巽下開屈曲象「股」。坎中爻陽明而陷，內聰象「耳」。離陽明在外，明察外物象「目」。艮一陽止上，象「手」能持止物於上。兌上開象二唇張開之「口」。

(3)比擬人事現象——乾天統御萬物，尊而在上象「君主」。坤地道爲「臣」道，陽君陰民，三陰相隨象「民」衆。震雷聲聞百里，象「諸侯」封不過百里。巽一陰入伏，陰宣陽命爲「誥命」。坎一陽陷坤陰之中象「險陷」象「毒害」。離剛在外，以剛自捍象「戈兵」。艮體乾三，乾三陽爻處人位象「君子」象「賢人」。兌少女而位卑象「侍妾」。

(4)比擬動物百獸——乾天體健行不息象「馬」。坤地道載育萬物，任重而順象「牛」。震一陽奮行出地而上騰象「龍」飛九淵。巽初陽入伏，棲伏低下，象有翅不能高飛之「雞」。坎中陽陷於水污象「豕」。離文明外著，象羽毛多彩之「雉」。艮一陽止外，象守戶止人之「狗」。兌內剛狠而外柔悅象「羊」。

(5)比擬德行品性——乾陽剛健行象「剛健」。坤地道順承於天象「柔順」。震春寬大行仁象「寬仁」。巽陰性貪主利象「吝嗇」。坎一陽陷二陰中象「心憂」，水行不捨晝夜象勤「勞」。離陽明外見象「明察」。艮陽小象「謹愼」。兌陰小象細「密」。

周易經傳文字，皆由此等卦象推衍而來，因此八卦亦可視爲未有文字以前的「史前文字」，而事實上中國文字確也有由八卦所衍生者，例如坎爲水，水字篆體係由坎卦卦形☵豎立而成。

2.先民認爲宇宙間一切人事現象，皆由此八種符號所代表的自然現象、彼此間兩相關連，發生動且變通的關係所形成。這一過程的手段，在使八卦兩兩（包括自身）相重，相重結果，自然現象（三爻的八卦）因彼此間兩相關聯、而形成八八六十四型人事現象（六爻組成的六十四卦），於是各種類型人事現象的體（靜態的卦辭）和用（動態變動的爻辭）就可以由上下二象間的關係、以及正互飛伏錯綜變化的卦象與爻象中去見其梗概（後詳），而每一類型中所含彰著已顯、潛在未顯或勢所將顯的現象，無不皆自此等卦象爻象中推論而得。八卦相重的意義，卽旨在使天道自然現象（天）邁入人事範疇（人）之中，以便從自然現象中尋求人類行爲的至當途徑。人類一旦能做到「行天道、正人德」的地步，就可以眇眇之身，「參天地之造化」了。

3. 故中國國學以易經爲代表，大致是以「天人合一」爲精神的「法天道、明人事」的人生哲學。

(1) 易爲君子謀，其宗旨卽在示人以君子之道，使人能「行天道以正人德」。朱子曰：「易與春秋，天人之道也，易以形而上者（理）言，說出那形而下者（迹）上，春秋以形而下者（迹）言，說出那形而上者（理）去」。朱子的意思是說經與史本是一體，經者治之「理」（形而上的天道），史者治之「迹」（形而下的人事），明於「理」則經立，詳於「迹」則史興，人身本自成一天地，天道假人而行，人能行天道，與天地合其德，就可以正人心以化成天下，周易的述作，其旨趣不外乎此。

(2) 按希臘古哲兼數學家畢達哥拉斯Pythagoras認爲宇宙與人身相輔爲用，有宇宙而無人生，則爲一片荒蕪，但人生無宇宙作爲憑依，則不能存在。畢氏此說與「天人合一」彷彿相似、而不盡合，較之博大精深的易理，遠遜多了。

㈡八卦的特質與時位

1. 八卦所以分爲三層，着眼於一種構想，卽渾淪一氣的宇宙，由靜而動，顯生其陰陽容儀後，「清輕者上爲天，濁重者下爲地」（乾鑿度文），天地旣分，人卽生於其間，與天地並立爲三，萬物亦同告生成，宇宙萬象不出上天下地中人三層現象，亦卽所謂「三才」或「三極之道」，八卦分爲三層，**三才**之象始告全備。

(1)上層天象——天道陰陽，其用見之於「時」。時謂時間、四時、時勢、時變、時宜、時當其可。

(2)下層地文——地道剛柔，其用見之於「位」。位謂空間，卦位、爻位、爵位。「位」受制於「時」。

(3)中層人事——人道仁義，見之於動作營爲，由人類行爲而導致得失、吉凶、悔吝。由於人生天地之間，而天體剛、地體柔，因此人類行爲亦必須剛柔互濟，始能得其「中」道。

易氣從下生

三才	天	人	地
時	㈨究	㈦壯	㈠始
位	末	中	初

2. 三層爻位亦可視爲某一類現象的初中末三階段。以「**時**」而言，爲「始、壯、究」三候；以「**位**」而言，爲「初、中、上」三等；以數而言爲「一、七、九」三數（七八九六詳見下第4節）。乾鑿度曰：「易氣從下生」，易卦爻位次序，爲由下（內）而上（外）的「**逆數**」，象徵一切事物，皆是由下向上、由內及

外、由小長大，由微而顯，循序發展的。

(1)乾鑿度以「一」（陽氣漸生之「始」）、「七」（陽氣的「壯」盛、爲少陽之靜）、「九」（陽氣之所「究」極、爲老陽之「動」）三數字，代表易氣發展過程，曰：「易无形畔，易（太易未見氣）變而爲一（爲太初、爲氣之始生、爲始），一變而爲七（爲太始、爲形之始生、爲壯），七變而爲九（爲太素、爲質之始生、爲究），九者、氣變之究也，乃復變而爲一（陽氣內動，周流終始，然後化生一之形氣），一者，形變之始」。

九天

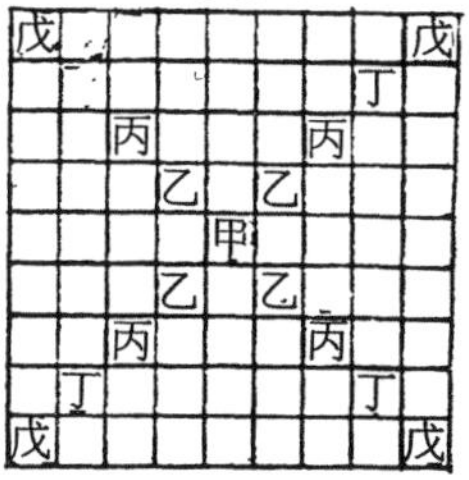

陽（奇）始於一（1^2）

十地

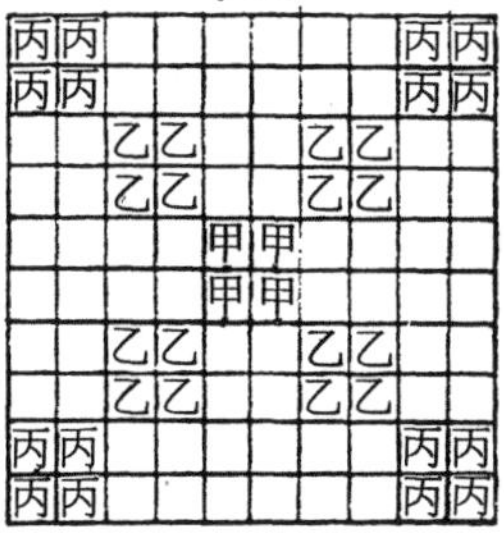

陰（偶）始於四（2^2）

(2)繫辭傳曰、「天一地二天三地四天五地六天七地八天九地十，天(陽)數五（一三五七九），地（陰）數五（二四六八十、以四二十八六爲次序）。」

①就陽卦（乾天）而言，陽動爲進，故一變而爲七，七變而爲九，以七爲少陽，以九爲老陽，以象陽氣由靜而動，陽（天）數奇，其次序爲一三五七九之順序。

②就陰卦（坤地）而言，陰動爲退，故變的過程爲二變而爲八，八變而爲六，以八爲少陰，以六爲老陰，以象陰氣由靜而動，陰（地）數偶，其次序爲四二十八六之逆序，因爲陽（奇）數九九始於一（

此一爲一的平方），陰（偶）數十十始於四（二的平方），陽以一爲體，陰以四爲體，陽數一三五七九各乘以四、得四、十二、二十、二十八、三十六，個位數爲四、二、十、八、六，故陰數以此爲序。

③但天地的變化是陽變、而非陰變，故但言一七九而不言二八六。再者，陰由陽生，陽可以統陰，言陽數則陰數統涵在內了。

⑶按逆者、迎也。過去已往爲數之順，故「數往」的次序由上而下，但未來則爲數之逆，故「知來」的次序由下而上，說卦傳曰：「數往者順，知來者逆，是故易者逆數也」，由於易以「知來」，因此易卦以初（下）爻爲始，上爻爲終，而事實上易數皆逆，此正爲全易關鍵之所在，舉例如下：

①逆數之用，具在卦象，如地天泰䷊、坤上乾下爲逆數，水火既濟䷾、坎上離下爲逆數，順則成天地否䷋，水火未濟䷿，天地不通、而陰陽數窮了。故曰「一陰一陽之謂道」，陰字必說在陽字之前。

②又聖賢克己之功，神仙修煉之術，也是無不用「逆」，君子必自反，反即逆之謂，道書曰：「逆則生、順則死」、又曰：「逆則成丹、順則成鬼」，因爲順則先天成後天以生物、生氣終則死，逆則後天反先

天數乘以四得地數

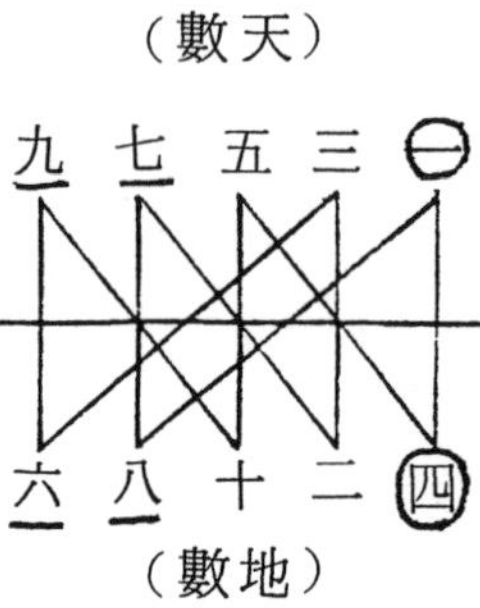

斜線皆成九

直線皆成五

天以自生，自生則反本還原，凡此皆以著逆用之功，易理的特徵全在此「逆」字上。

③又易象則法天道，天逆行而地順轉，數必逆退才能與地相合，因此五行、干支、經緯、星度莫不隨天行之度以定數，人生天地氣數之中，自亦不能例外。

(4)所謂「時」「位」、（爻的「位」另詳叁三節）。

①孔子之道，重在「時」與「中」，因此後人特以「時中之聖」稱譽孔子。按周易經文用「時」字者，祇見於歸妹九四「遲歸有時」一處，但孔子贊易，則在傳文中對「時」字多所發揮，更於繫辭傳中以「變通配四時」、「變通者趣時」等字樣，總結其義，此二者與豐卦彖傳「天地盈虛，與時消息」合而觀之，約可概見孔子言「時」的旨趣，不外指時間、四時、時勢、時變、時用、時宜而言。要之，以時論時，「時」有下述涵義：

甲、有定之時——如天之四時，時有定候，非人力所能變更，惟順乎天而已。乾卦文言傳的「後天而奉天時」，屬於此類。

乙、無定之時——如人事之有輕重緩急，陰陽五行各有始有壯有究，或損或益，或行或止。賁卦彖傳的「觀乎天文，以察時變」，屬於此類。

丙、故「時」有以盈虛消息而言之時（如泰、否、剝、復），有以事而言之時（如訟、師、噬嗑、頤），有以理而言之時（如謙、履、咸、恒），有以象而言之時（如井鼎）。

②位——「位」謂空間、卦位、爻位、以及由爻象所擬議貴賤上下，爵位的「位」。通常以終

始言之謂之「時」，以高下言之謂之「位」，以吉凶言之謂之「事」，但「不可爲典要，唯變所適」、（繫辭傳文）。

甲、繫辭傳曰：「卑高以陳、貴賤位矣」，說卦傳曰：「天地定位」，又曰：「帝出乎震、震東方也，……艮、東北之卦也」，此謂卦位；繫辭傳曰：「列貴（五）賤（二）者存乎位」，說卦傳曰：「易六位而成章」，此謂爻位；繫辭傳曰：「危者、安其位者也」，又曰：「德薄而位尊」，此爲由爻象所擬議的爵位。

乙、按說卦傳曰：「分陰分陽，迭用柔剛」，此謂陰陽之位，初三五爲陽位，二四上爲陰位，陽爻居陽位、陰爻居陰位爲「當位」，陽爻居陰位、陰爻居陽爻爲「不當位」（後詳）。

丙、「位」从立从人，亦卽說卦傳所謂「立人之道曰仁與義」，故三畫卦與六畫卦皆分爲天地人三位，但孔子贊易則特重人道，天位地位皆居以人，故人必合乎仁義之道，才能「與天地參」、而無愧此位。

3.自**長幼老少**的觀點而言，八卦亦可看成是一家庭。

(1)乾老**陽**爲父，坤老**陰**爲母，乾坤**陰陽**相交，生震坎艮三男爲少陽，又生巽離兌三女爲少陰。乾坤生六子的步驟，繫辭傳稱之爲「乾道成男，坤道成女」。

(2)乾卦初爻入坤，一索得男成震卦爲長男；中爻入坤，再索得男成坎卦爲中男；上爻入坤，三索得男成艮卦爲少男。故乾卦初爻爲震爻，中爻爲坎爻，上爻爲艮爻。震坎艮各得乾卦一體，故

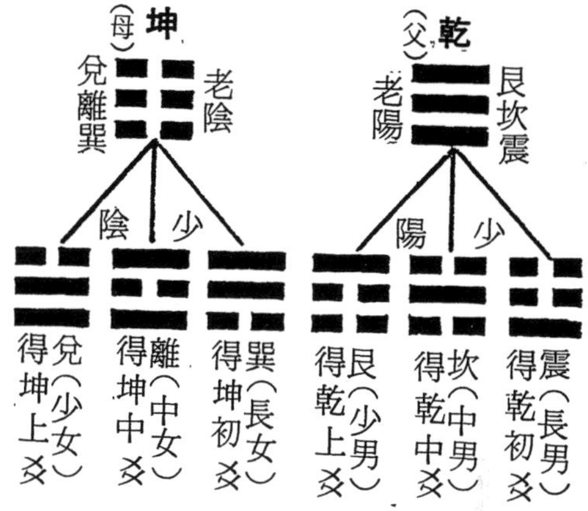

皆爲少陽。

(3)坤卦初爻入乾，一索得女成巽卦爲長女；中爻入乾，再索得女成離卦爲中女；上爻入乾，三索得女成兌卦爲少女。故坤卦初爻爲巽爻，中爻爲離爻，上爻爲兌爻。巽離兌各得坤卦一體，故皆爲少陰。

4.由上可知乾坤六子除乾坤老陽老陰爲三陽三陰外，凡少陽（震坎艮）皆一陽二陰，少陰（巽離兌）皆一陰二陽，繫辭傳稱之爲「陽卦多陰，陰卦多陽」。於是少陰、少陽、老（太）陰、老（太）陽，亦卽四象，可以「七八九六」四數字作爲代表，而以五行配合河圖，布八於東方象木（春），布七於南方象火（夏），布九於西方象金（秋），布六於北方象水（冬），土則居中央王四季。

河圖

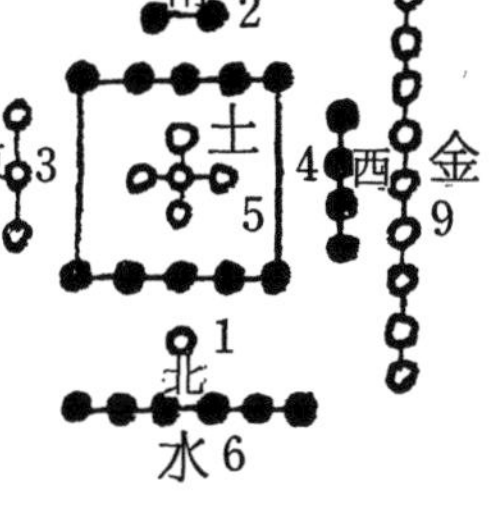

(1)繫辭傳曰：「天一地二天三地四天五地六天七地八天九地十」，易道以奇數爲陽，以偶數爲陰，因爲天圓地方（「方」謂東南西北四方位），圓無對而方有對，圓奇而方偶，故陽奇而陰偶。

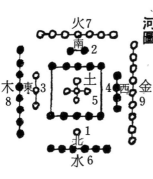

①陰陽之數，大致陽可以用「一」代表，陰可以用「二」代表，但「一」之爲數，不能乘除變化，易道尙變，如陽以「一」計，就無法演繹盈虛消長、變化不居的易理，同時「一」象太極，爲萬物之始，生而不用，故易道改用可以乘除變化的最小奇數「三」而不用「一」作爲陽道開始的數字。再者，天可以包地，陽可以統陰，陰的變化卽陽的變化，「三」之爲數，也可說是一個包含陽一陰二、以陽統陰廣義的陽，故言乎變的易道，以奇數「三」爲陽之始，以偶數「二」爲陰之始，說卦傳曰：「**參天兩地**而倚數」，易之所言，都是倚於「三」「二」兩個數字而立的。

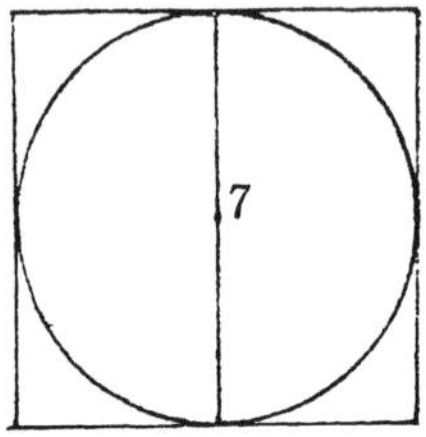

徑七者圓周22方周28

方圓五層

圓三方二

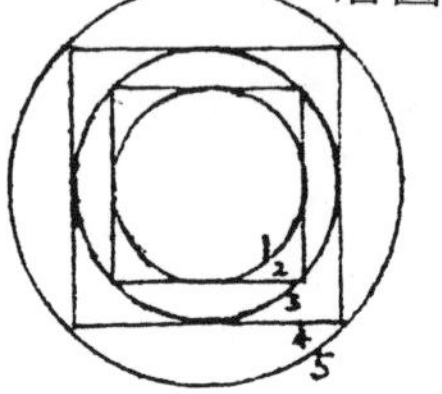

陽極陰變

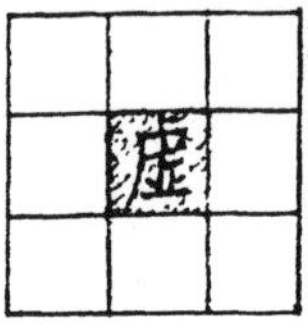

陽極於九、虛中退八爲少陰

②又凡直徑是七的圓，圓周是直徑的π（三・一四一六）倍約二十二，外切方周全長是徑的四倍爲二十八，因此孔子有「陽三陰四位之正」（乾鑿度文）之語。陽（天）象圓，圓者徑一而圍三，以一（陽）含三，卽參其一陽而爲三（叁個陽）；陰（地）象方，方者徑一而圍四，以二（陰）偶二，卽兩其二陰而爲二（兩個陰）故曰「**參天兩地**」。

又方圓五層則圓三方二，也是「參天兩地」之象。

⑵倚此「參天兩地」之數。少陽七、少陰八、老陽九、老陰六之數，亦由此而立，如下算式：

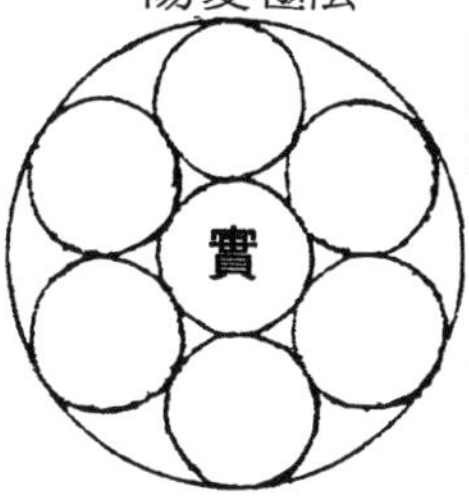

少陽（一陽二陰）

$1\times3+2\times2=$⑦

少陰（一陰二陽）

$1\times2+2\times3=$⑧

老陽（三陽）

$3\times3=$⑨

老陰（三陰）

$3\times2=$⑥

①在此四象之數中，少陽七、少陰八爲靜態穩定而不變的「體」，老陽九、老陰六爲動態不穩定而可變的「用」，因爲老陽老陰已至陰陽之極，極則老陽變成少陰，老陰變成少陽，變者以不變者爲體，不變者以變者爲用，故七八爲體，九六爲用。

②就易卦而言，象（卦）辭統論一卦之體，所存者存乎未變之義，故爲靜態不變的七八，爻言乎變，爻辭泛論卦體之用，所存者存乎已變之義，故爲動態可變的九六，由象之七，變而爲爻之九，爲陽動而進，由象之八，變而爲爻之六，爲陰動而退。

⑶由於易言乎變，而所變者又在於爻，故各爻陰陽之性，皆用九（陽）六（陰）而不用七八標示，而與由下而上的爻位次序「初二三四五上」連用，如初九、六二、九五、上六。後詳。

①或以爲陽爻稱九、陰爻稱六，是因爲乾體三連畫，坤體六斷畫，陽得兼陰，故陽數三加六爲九，陰不得兼陽，故陰數六。老陰老陽交而後變，周易以變爲占，故九六爲爻之別名。

②另說以爲天之生數一三五，積爲九，地之生數二四，積爲六，故爻稱九六。（按六七八九十

爲「生數」一二三四五加五所得的「成數」)。

5. 先天圖與後天圖

先天圖

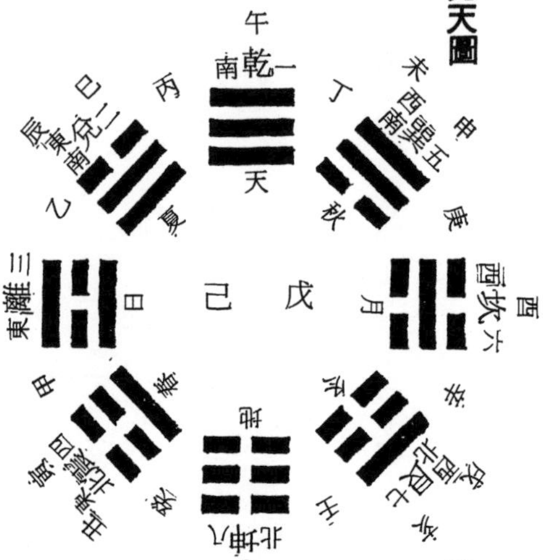

後天圖

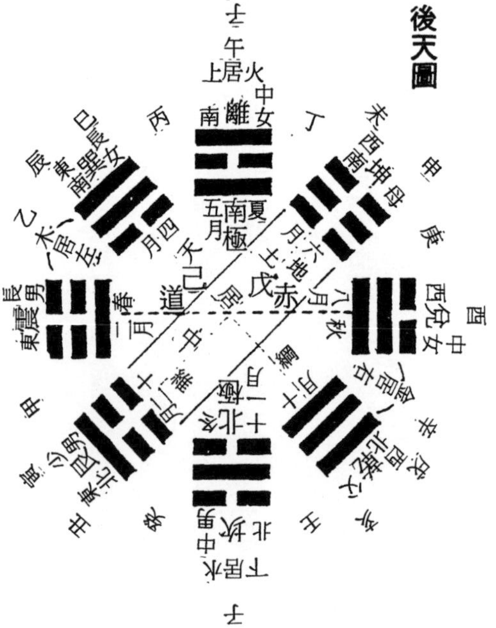

(1)邵子按其八卦橫圖精神與乾一兌二離三震四巽五坎六艮七坤八的次序，製作一純依陰陽四象自然之數推衍而成的先天圖。

①先天圖象徵天體運行，以乾坤爲天地，坎離爲日月，震兌巽艮爲春夏秋冬，因其着重宇宙自

邵子八卦橫圖

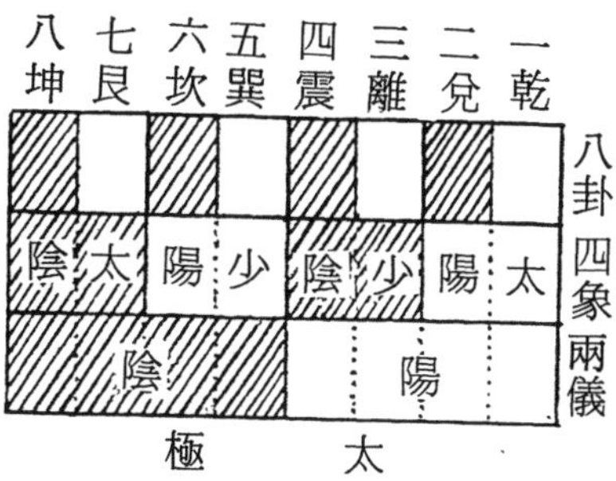

然之象，故名為「先天」之學，宋儒並冠加「伏羲八卦方位」的名稱。說卦傳所載「天（乾）地（坤）定位，山（艮）澤（兌）通氣，雷（震）風（巽）相薄，水（坎）火（離）不相射，八卦相錯」，正為先天圖的寫照。消息卦氣（後詳）出自先天。

②邵子並註明「自震至乾左旋為順（數往），為陽氣之生，為已生之卦，自巽至坤右旋為逆（知來），為陰氣之生，為未生之卦」。朱子則認為「左旋各卦，陽氣生於震初而極乾，陰氣生於巽初而極坤，以象天行，右旋各卦，陽氣生於坎中而極乾，陰氣生於離中而極坤以象日纏（日所運行之宿度）」。二人對左旋右旋，有不同的說法。

(2)按清代漢學諸儒如顧炎武、黃宗羲、毛奇齡、胡東樵、王引之等對易圖尤其河圖、洛書、先天、納甲、納音，駁斥無遺。但圖可駁，先天象數不可易，河洛名稱可改，天地定數無可更。就先天之學而論，周易全經事實上以先天卦位為本，如上經首乾（天）坤（地），即是天地定位，下經首咸（上兌澤、下艮山）恒（上震雷、下巽風），即是山澤通氣、雷風相薄，上經終坎（水）離（火），下經終既濟（上坎水、下離火）、未濟（上離火、下坎水），即是水火不相射而相逮。

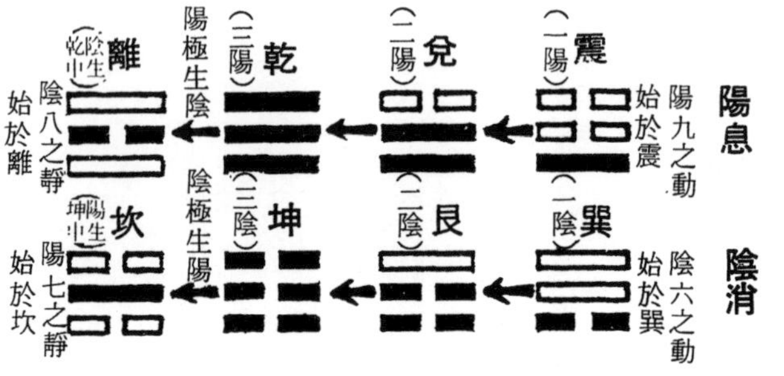

(3)周易對八卦方法，尚有另說，而爲邵子繪作後天圖的依據。說卦傳曰：「萬物出乎震，震、東方也，……巽、東南也，……離也者，……南方之卦也，……坤也者，地也，……兌、正秋也，……乾、西北之卦也，……坎也者，……正北方之卦也，……艮、東北之卦也，……」。後天圖象徵地體鎭定，五行相生之理，本於後天。宋儒冠加「文王八卦方位」之名。

(4)先天圖所以立「體」，後天圖所以致「用」，二圖體用相生，同源相貫，（故不必有伏羲文王之別）。由於後天圖以之爲主的坎離二卦，係由先天圖以之爲主的乾坤二卦而來，而先天八卦的方位，又導源於古太極圖，故後天八卦本諸乾坤，先天八卦本諸太極。先天乾坤之所以能變成後天離坎而代其爲用者，是本乎易道「陽息陰消」、「物極則反」之理而來的。

①陽九之動始於震，陽生陰中動於下，自下向上息長，由一陽震、而二陽兌，以至於純三陽乾，此時陽氣已息長至極，陽（老）極則一陰（少）生於乾中而成離，陰包陽中，少陰未及於變，成爲陽中靜態之陰，所謂陰八之靜生於離，故後天圖以離火（亦爲日）代替先天乾天之位

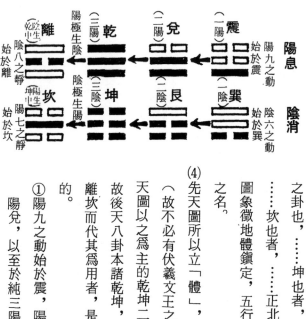

而居上（南）。

②陰六之動始於巽，陰入陽中，陽乃隱伏，自下向上消剝，由一陰巽、而二陰艮，以至於純三陰坤，此時陰氣已消剝至極，陰（老）極則一陽（少）生於坤中而成坎，陽包陰中，少陽未及於變，成爲陰中靜態之陽，所謂陽七之靜始於坎，故後天圖以坎水（亦爲月）代替先天坤地之位而居下（北）。

③故參同契曰：「坎離者，乾坤二用」，乾坤爲體，坎離爲用，乾天坤地非離日坎月不彰顯、亦非離日坎月不見其運轉。坎離既生，於是可由五行相生之理，藉水下火上之位，以定其餘六卦位置。定位之法，先以艮（山爲剛土）坤（地爲柔土）置坎離之次，橫貫居中，象土王四季。

④坎居下（北）爲水，水潤土則成濕土，土過濕則不能生物，必須濟之以艮土之剛，故順時針方向（所謂「左旋」）以艮次坎，於是因水而生長震木（東）巽木，但水木主屬陽性，艮又爲陽卦，故震之陽木先於巽之陰木而居左。

⑤離居上（南）爲火，火烜土成燥土，土過燥不能生物，必須濟之以坤土之柔，故順時針方向以坤次坎，於是由土蘊生兌金（西）乾金，但火金主屬陰性，坤又爲純陰卦，故坤土之後，兌之陰金先於乾之陽金而居右。

⑥以上是後天八卦位置所由排定的主要着眼，五行相生之次（水生木、木生火、火生土、土生

金、金生水），義出後天。按中國古來帝王制作的大原，治平的經緯，皆出後天八卦之用，曆象、樂律、推步（天文）、占卜、風鑑、星命、堪輿等，亦出自後天。

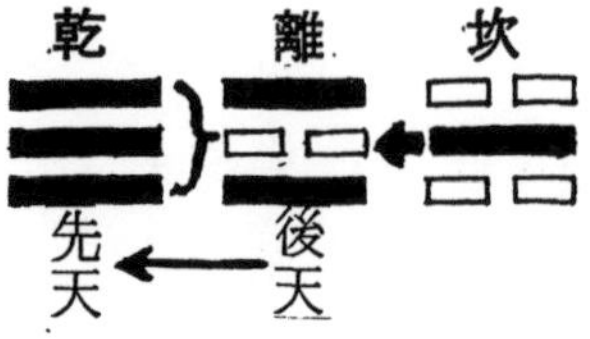

⑦丹道的基本原理，在使後天坎離交姤返歸先天純陽（乾），抽坎水（腎臟）中之先天至陽之氣，填補離火（心臟）中之陰虛，濟之以中央眞土之調變，以中黃眞意（元神）使坎離相交，由水火土的會合，化後天的離爲先天的乾（純陽），使身心合一而產生「眞陽」丹基，返本還原，回復先天未生身處時的本來面目，所謂「逆則成丹（仙）」的基本原理，大致如此。

(5)按六十四卦象爻的取象，多處本乎先後天，有非本卦互卦或旁通卦所有者，例如：

①蠱卦䷑（上艮下巽）有四爻言父，一爻言母，父母之象，考諸先天後天，則知先天艮巽之位，卽爲後天乾（父）坤（母）之位，故有此象。

②同人卦䷌（上乾下離）九五象曰：「同人之先，以中直也，（至誠積於中、不私於物）」。

「先」字因後天離位卽先天乾位而來。

由此可知先後天二圖，與重卦爲六十四，皆一時所共有。

叄、六十四卦（六爻卦）的形成，特徵與象數變化法則

一、八卦相重爲六十四卦與寓教於卜的意義

㈠就宇宙本體（太極或道）化生萬物現象（由六十四卦所顯示的六十四類型人事現象）的全般過程而言，八卦的形成，僅祇經歷了全程的一半，（所謂「小成」），所化生者，祇是演化中途所生八種類型靜態不變的自然基本元素而已，另一半尚須由此等靜態元素彼此（包括自身）相重，發生交互錯綜變通的關係，才能使靜態的自然現象，進入動態變化的人事得（吉）失（凶）範疇之中，來完成「道生萬物」的整個過程。按繫辭傳以下段文字敘述此一後半段過程曰：「八卦而小成，引而伸之（引長八卦而伸盡之，以達重卦的大成），觸類而長之（觸逢陰陽剛柔的事類而增長之，以畢定其吉凶悔吝之理），天下之能事畢矣（天下所能萬事，其法象皆畢盡而不越乎此）。」

㈡因此如果將八卦看作是「史前文字」，則相重後的六十四卦，可說是由這些「文字」兩相連用所表達的六十四類現象，所不同於普通文字者，在於尚須牽涉到卦爻比應、正互、錯綜、飛伏、變通（詳叄三節）的關係，這是周易最大的特徵。舉例如下：

1例一——三千年前西周軍政一元化國防體制構想之所出——師卦與比卦

(1)師卦——象曰，地中有水，師，君子以容民畜衆。

①師卦上（外）卦坤爲地、爲柔順、爲民衆、爲容載（天覆地載），下（內）卦坎爲水、爲陷、爲險、爲毒、爲畜聚、亦爲衆、（水性畜聚象物衆）。本卦主爻九二以一陽領導上下羣陰之衆而在下位，上與六五之君相應，（象傳所謂「剛中而應」），象徵在下將帥、（亦卽象傳的「君子」、卦辭的「丈人」），榮應在上元首不加掣肘的全權委任，統率王者之師，專制閫外方面征討之事，人臣居下位而有此權威，非「君命有所不受」（孫子文）的將帥，不足以當此、故全卦以統衆行師爲象，而命名爲「師」，爲我國傳統軍事哲學思想之所出。

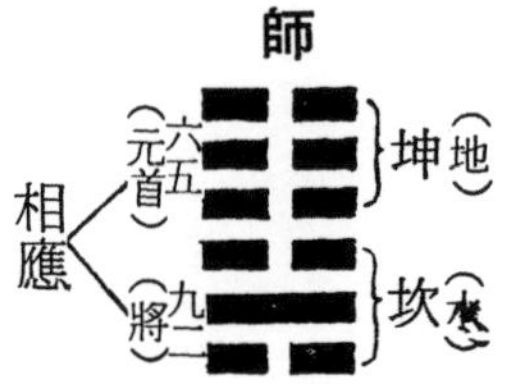

②就上下兩象間的關係而論，師卦有下述三重涵義：

甲、戰爭目的論——戰爭的目的，在於止戈爲武，由而贏取更佳的和平狀態。

㈠上坤下坎，坤爲民衆、爲柔順，坎爲不測之險、爲毒害，古者寓兵於民（農），伏至險於大順，卽是此義。師卦彖傳曰：「行險（坎象）而順（坤象），以此毒（坎象）天下而民（坤象）從之」，行師雖是「險」道，足以「毒」害天下，（老子所謂「佳兵者，不祥之器」，所謂「大兵之後，必有凶年」），但如係爲除暴安良，保國衞疆，「順」乎民心之所向而動，征討旨在安民，作戰旨在消弭戰爭之因，（司馬法所謂「殺人安人，殺之可也，攻其國、安其民，攻之可也，以戰止戰，雖戰可也」），則雖一時毒害天下，「民」心仍然悅而相「從」，甚至發生類似商湯「東征而西怨」的現象。

(乙)由此可知戰爭的目的，並不如普魯士兵學家克勞塞維玆Carl Von Clausewitz（著戰爭論）所云：「在於殲滅敵軍，或屈服敵人意志，（二者為所謂戰爭遠目的），或佔領敵土（所謂戰爭近目的）」，（按克氏僅着眼於求得軍事勝利），而是為了「贏取更佳的和平狀態」（英國兵學家李德哈達B.H.Liddell Hart的戰爭目的觀）。故戰略應該接受政略指導，軍事行動應受政治意圖所支配。孫子曰：「道者，令民與上同意，可與之死，可與之生，而不畏危」，孫子的「道」，就是以安民止戰為胸懷的神聖戰爭目的。

乙、戰爭本質論——以「仁」道為本的戰爭目的，須藉殘「忍」的戰爭手段來實現，「仁」與「忍」是戰爭一體的二面。

(甲)上坤下坎，坤為順、為民、為衆，坎為險、為毒，故師卦象徵用兵的本質，在以神聖的戰爭目的，順乎民心，（彖傳所謂「行險而順」），行之以正（卦辭所謂「師貞」，彖傳所謂「能以衆正」），期能做到孫子所謂「令民與上同意」、「攜手若一人」的地步，如此統帥就可以「聚三軍之衆（坤象），投之以險（坎象）」，（按孫子此語，似本易義），運用「不得已」（老子語）而行的「詭道」（孫子語），藉殘「忍」險詐的手段，來實現以「仁」道為本、順乎民心所向的神聖戰爭目的。

(乙)總之，興師動衆，必須有清將胡林翼所謂「以霹靂手段、行菩薩心腸」的胸懷，才可當「仁義之師」之名而無愧。戰爭哲學的基本問題，不外「仁」與「忍」二端，師旅之興，縱然出之吊民伐罪，抱有謀求和平福祉的「仁」心，戰爭手段，非竭盡悲慘野蠻的能事，無以爲功，因此明君賢將，非至和平絕望，切不可輕於言戰，擅啓戰端，但如果戰爭已不可避免，而仍拘於仁義，空談「仁」道，而不知以殘「忍」詭道，速求戰勝，則必流於宋襄公式的婦人之仁，「屈力殫貨」（孫子語），自取敗亡。相反，如果戰爭並非不可避免，而但知以詭道用兵、爭勝於天下，全無仁道作爲憑依，則又流爲殘民以逞的暴兵，亦所不取。

丙、傳統軍制——富國强兵之道，重國防（戰鬥條件）與民生（生活條件）相一致。寓兵於民，兵民合一，爲健全國防體制的基本條件。

(甲)外（上）坤內（下）坎，坤爲地、爲容藏、爲民衆，坎爲水、爲畜聚、爲物衆，以地之廣能包容衆聚的地下水爲象，地中有水，猶如民中有兵，水不外於地，猶如兵不外於民，水畜地中而爲淵泉，猶如兵畜民中而爲師衆，故曾國藩對太平軍作戰時，曾有「用兵不如用民」之論。君子則法師卦卦象，用民之要，在於寓兵於民（農），使軍隊之兵員在平時從事生產（中國以往務農），一到戰時，從事生產的民衆，本是當然的兵員，在此種國防體制下，一聲動員令下，可以迅速由平時轉爲戰時。西周井田制的構想，卽源出於此。

(乙)孔子曰：「以不教民戰，是爲棄之」。用民之道，惟在以仁心仁政齊之教之以容保之（容民），而後富之養之以畜聚之（畜衆），能做到「容民畜衆」，足食足兵，自在其中，故在此種措施下，平時養兵必少、而戰時用兵則多。再者，從自衞的角度觀之，國防與民生相結合，可因戰鬥條件與生活條件相一致而建立「面」的戰鬥體制，使入侵的敵人，難以獲得戰地人力物力之助，如魚失水，無法立足。

(丙)按寓國防於民生，兵民（農）合一，是中華民族三千年來農業文化下的傳統軍制精神，在此種制度下，武裝的民衆，無事則耕，有事則戰，農閒則講武（教育召集），西周的井田制（全民皆兵），漢代的屯田制（寓兵於農），唐代的府兵制（寓農於兵），明代的衞所制（變相府兵制），都是本於此種精神所奠立的兵制。我國近代兵學家蔣方震（百里）於其所著「國防論」一書中，比之爲「吃飯傢伙可以拿起來打仗」，例如遊牧文化下，十三世紀的蒙古，民生要項「馬」，亦爲軍隊主力騎兵的必要裝備，商業文化下、十九世紀的英國，民生要項「船」，亦爲國防第一線主力海軍的必要裝備，因此蒙古人在十三世紀、英國人在十九世紀，皆曾稱霸於一時。反之，我國宋代之所以弱，弱於經濟生產與軍備武力之間完全脫節，中央禁軍未能屯田，地方廂軍僅供雜役，以致軍隊既不能生產，又缺乏戰力，養兵愈冗、而國力愈弱。

(2)比卦——象曰，地上有水，師，先王以建萬國親諸侯。

①師卦九二、陽爻在二位不正，師二升五位「之正」、則成上坎下坤的比卦（參閱後述升降法），比卦以坎水在坤地之上取象，物相親比而不容有間隙者，莫若水在地上，地得水而柔，水得地而流，水性本是下潤，今在地上，更與地相浸潤而相親比，故卦名爲「比」，爲西周封建制思想之所出。西周君主（先王）則法比卦卦象，裂土分封萬國，爵賞恩澤，朝聘往來，上對下巡狩，下對上述職，故諸侯得以親比在上的天子，秉遵朝命，承流宣化，轉爲天子下比其民。由此可知周天子的臨御萬邦，視天下猶如一家，視萬民猶如一體，以身使臂，以臂使指，由上而下、小大相維，制得其道，正如水在地上，流通潤及萬物，無所不被，悉皆順以聽命。

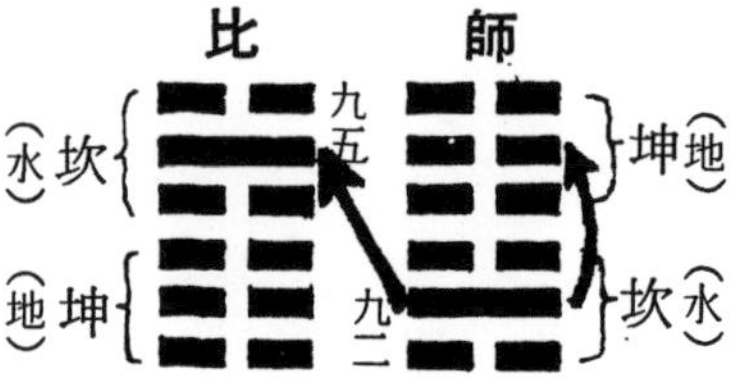

②按西周所封的「國」，事實上也是軍事據點，據點與據點（國與國）之間有交通網相連，以便於統治，所封諸侯，則法師卦兵民合一的精神，施行井田制，先將土地分封卿大夫，更由卿大夫授田農民耕作，一方面充實民生，一方面維持戰備狀態，既以防止亡殷王室復起，又以抵禦流徙國與國間遊牧民族（所謂「戎狄」）的侵擾。因此封建制是一種由上而下、爲鞏固統一的武裝移民制度。

③元儒胡炳文曰：「師之容民畜衆，井田法也，可以使民自相合而無間；比之建萬國親諸侯，封建法也，可使君與民相合而無間」。封建法佐以井田法，正構成三千年前（西周初年）軍

政一元化的國防體制。

2.例二——取則蒙與明夷二卦易教的唐太宗領導作風「以蒙養正、以明夷蒞衆」。

(1)唐書孔穎達傳：「太宗初接位，留心庶政，穎達數進忠言，嘗對以帝王內蘊神明，外當玄默，使深不可測，度不可知，易稱『以蒙養正、以明夷蒞衆』，（按：係王弼所作明夷卦大象註解文，全文曰：「蒞衆顯明，蔽僞百姓者也，故以蒙養正，以明夷蒞衆」），若位居尊極，炫耀聰明，飾非拒諫，則上下情隔，君臣道乖，自古滅亡，莫不由此，太宗深然其言」。唐太宗所以承隋之弊，而仍能於不數年間，內致郅治，外服四夷，成就不世之功，不外取則此九字易教作爲其領導作風之所致。

(2)蒙——象曰，山下出泉，蒙，君子以果行育德。

①上卦艮爲山、爲果（果出山谷，艮陽成終，果蓏爲草木之終），下卦坎爲水，爲水故爲泉，二三四爻構成互體震卦，震爲出、爲行，（一陽始從下出，奮而上行，上靜下動，象足之行），二爻至上爻（上艮下互震）構成互體頤卦，（互體後詳），頤者養育也。本卦以山下出泉爲象，小水初行，未有定向，象人初生而蒙昧，故卦名「蒙」。君子則法蒙卦之情，當須「果」決其「行」，以養「育」其「德」行，「育德」卽象傳所謂「蒙以養正」的「聖功」。

②蒙卦取象「山下出泉」，泉是水源，水源始出於山，澄清無滓，行無定向，因

地而制流，象徵人性於蒙昧之初，純潔不雜，近朱者赤，近墨者黑，象傳曰：「蒙以養正，聖功也」，程子對此句的註解是：「未發之謂蒙，以統一未發之蒙，而養其正，乃作聖之功也，發而後禁，則扞格難勝，養正於蒙，學之至善也」。程子的意思是說：人生蒙昧之初，本已具備善心，但涉世日久，感染隨之愈深，一點靈性，爲私慾及「無明」（借用佛家語）所蔽，以致道心淪爲人心，正如同水初出山時，尚可保持澄清，流愈遠則水愈濁，不再能恢復本態相似。故領袖羣倫，教導民衆，必須使能養育明德於蒙昧之初，因勢利導，及時施教，如果任其過咎既著，才開始施加禁罰，則已是勤苦難成的了，所謂「蒙以養正」的作聖之功，有治惡於未然、治患於未形的治本作用。個人修養也是一樣，人人皆可爲堯舜，祇是「養正」的功夫，須在統一未發、嗜欲未起的蒙昧之初啓迪智慧，涵育正道，才能造就聖賢。

③唐太宗的治理天下，即取則「以蒙養正」的易教，重教化不重刑罰，崇王道不貴霸政，順乎民情惡危欲安的心理求治，故即位後僅短短四年間，即內致康寧，外服四夷，史稱貞觀之治，正是後世嚮往而不可及的美政。

(3)明夷卦——象曰，明入地中，明夷，君子以蒞衆，用晦而明。

①外（上）卦坤爲地、爲陰晦、爲民衆、爲身腹、爲器用（地道致役、成長萬物，故爲器用），內（下）卦離爲火、爲火故爲明、爲文明，本卦以離火之明，沒入地中而失其明，故卦名明夷。大象曰：「明入地中，明夷」，夷者傷也，明夷，明見傷也。

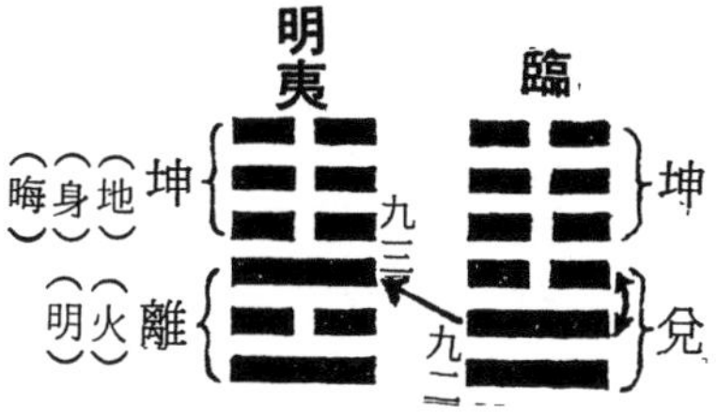

②明夷卦由臨卦九二大人升進三位與六三交易而成，臨者「蒞」也。臨二升進三位成明夷九三，九三以陽爻居人位、又居陽位，人而陽故爲「君子」，君子自臨二之三，更親「蒞」在外（上）之坤「衆」，故曰：「君子以蒞衆」。坤爲用、爲晦，離爲明，故曰：「用晦而明」。

③坤爲柔順、爲晦、爲容藏、爲身腹，離爲明、爲文明，以離火之明，晦藏坤地之中而沒其明，猶如高居領導地位大德之人，身雖蘊懷文明盛德、而外貌則大智若愚，深藏不露，柔順易處，雖善善惡惡而不盡其明察於細節的。以其不尙察察爲明，人皆親而安之，以此蒞臨羣衆，衆皆樂盡所長，而領導者則因此可得兼收衆人之所長、轉爲己長，這是「用晦」反而收到「用明」的功效。相反，如果領導者祗知察察以爲明，則在下者因在上者乏含容之度，以致君子明哲緘口而日退，小人承順取容而日進，終至國事日非。老子曰：「其政悶悶，其民醇醇；其政察察，其民缺缺」，孔子家語曰：「水至清則無魚，人至察則無徒」，可見「用明」反足以收到「不明」的反效果。程頤易傳註象傳此文曰：

「明所以照，君子無所不照，然用明之過，則易於察，太察則盡事而無含容之度。故君子觀明入地中之象，於蒞衆也，不盡其明察而用晦，然後能容物和衆，衆親而安，是用晦乃所以用明也。若自任其明，無所不察，則無寬厚含容之德，人情睽疑不安，失蒞衆之道，適所以爲不明也。古之聖人設前旒屏樹者，不欲明之盡乎隱也。」

④觀藏明用晦反收「明」效的卦象，可知「上必无爲而用天下，下必有爲而爲天下用」，（莊子文），在上者當勞於求賢、而佚於得人，（所謂「君佚臣勞」），領導人物的「明」，應當「明」於知人善任，而不宜「明」於躬察細務庶政。總之，「君者『因』道（因人致治），臣者『爲』道，（秉命受成，有所作爲）」（愼子文），在上者當以不知知之、不能能之、不爲爲之，執其大要而委細節於下，「用人之自爲、而不用人之爲我」（愼子文），用非己有，若己有之，此卽老子所謂「无爲而无不爲」，亦卽孔穎達所謂「深不可測，度不可知」，因爲領導者如果僅知善用其本身之所知所能，則是「可測」，可測就不能測人，惟其不自任不自用其所知所能，故爲「不可測」，不可測乃能測人而得人之用。能明此理，對統御的要領，可說已是思過其半的了。

⑤唐太宗取則「以明夷蒞衆」的易理，不僅虛心屈己，容受直言，而且優容獎勵，導人進諫，用人則賞罰公正，不次拔擢，捨短取長，以天下之才、爲天下之務，故在貞觀二十三年間，太宗之朝，確能做到「君以臣之心爲心、臣以君之心爲心」的地步。

㈢由上所舉範例，可知周易是一部「法天道、明人事」的人生哲學，六爻三極（天地人）尤重在「人」，因爲天地之氣，因人而通，陰陽之道，因人而和，孔子贊易，立人之道，卽重在合乎天地之正，其宗旨則在於教人行「天」道以正「人」德。但周易顯然也可以用來占卜，然則易之爲書，究竟是人生哲學呢？還是所謂卜筮之書？

1.關於此點，朱子認爲：「易之所以難讀者，蓋易本爲卜筮之書，今卻要卜筮中推出講學之道，故成兩節功夫」。朱子的「兩節功夫」說，或有幾分正確性，但學易並須瞭解：

(1)周易雖然本是「卜筮之書」，但自孔子贊易，但取彖象卦爻陳說易義，爲經作傳後，已自删定爲一書，既藉人道仁義以明道，又以施教致用爲依歸，易書已不再專爲卜筮而設。

(2)再者，我國自古以來，由於宗教是一種渾全的大羣教，而非個別的小我教，祭天僅是天子之職，平常百姓僅可以祭祖，因此宗教逐漸爲政治意識所融化，而政治意識又爲倫理觀念所融化，中國古代在宗教政治化、政治倫理化的環境下，於是形成一種神道設教、政教合一的社會。先民在遠古時，本已有豐富的人生經驗，作易者爲使社會大衆包括中智下愚皆能體會起見，特將各方面生活經驗所推衍而得的人生哲理，融入卜辭之中，藉吉凶悔吝的訓誡，假神道以行教化，而「百姓」見仁見知，竟「日用而不知」（繫辭傳文、意謂見其偏而不能概其全），聖人用心之苦，可以想見。

(3)按繫辭傳形容易辭，有下列的敍述：

①繫辭傳曰：「其稱名也小，其取類也大，（易辭指物稱名，因小喻大），其旨遠，（旨意深遠），其辭文，（辭意昭然有文飾），其言曲而中，（所言委曲婉轉，旁推曲引，各中其理），其事肆而隱，（所載之事、雜陳兼舉，稱名雖小，但肆直而顯露，不遺隱微；取類雖大，所

論義理深邃難測，幽隱而不窮），因貳以濟民行，（因得失、吉凶二途，通濟萬民日用之所行），以明失得之報，（失則明報之以凶，得則明報之以吉）。」

②繫辭傳又曰：「明於憂患之故，无有師保，如臨父母」，又曰：「問焉而以言，其受 命也如響，无有遠近幽深，遂知來物」。周易經文作於殷末衰世，末俗人情猜疑，易辭懇切周盡，應占卜者之所問，不問遠近幽深，無所不告，對答如響之應聲，明辨是非得失的前因後果，示人憂患之所由來，指導人類行爲，趨向正軌，使人與相面對，雖無師保的提命教誨亦常如有父母的庭訓，淳淳然與之同憂患，愛之無所不至，訓之無所不切，慮之無所不周，使占卜者不覺其嚴憚，但感其親切慈愛而已。周易寓教於卜的精神，大致如此。

2.因此周易的內容，涵蓋天地人三才，廣大悉備，言辭簡約而涉義廣泛，亦可「極數（陰陽七八九六之數）知來」，藉占卜（詳附錄）推演未來可能趨向，故亦可供人問事，以取決避凶趨吉的適切途徑。

(1)易道理順而數逆，惟其逆，故可逆知將來，繫辭傳曰：「君子居則觀其象而玩其辭（學易），動則觀其變而玩其占（用易），是以自天祐之，吉无不利」，宇宙萬象既不出一陰一陽、一正一反、一闔一闢的自然而又必然的安排，（宿命論者所謂「事皆前定」），本此一正一反之理，當然也可按已然可知之事，來推論察知方來未然的趨向，（繫辭傳所謂「彰往而察來」），因此卜筮之事，雖說玄妙神通，變化無方，其實爲一種漢儒王充所謂「由己身精神先見於兆象」

的自然推理之學，不宜目之為迷信，更無神秘之可言。

(2)但另一方面，周易當然是一部廣含萬有、無所不包的人生哲學書，而為中華傳統文化、學術思想、風俗習慣、生活方式之所出。繫辭傳曰：「易有聖人之道四焉：以言者尚其辭（以言求理而存意於辭），以動者尚其變（有所興動作為，則效法爻象陰陽變化，取吉不取凶，以定其行止之方），以制器者尚其象（造制器皿，盡物之用，則效法卦爻所取之象），以卜筮者尚其占（問事決疑，則取則卦爻通變的占辭）」。又曰：「夫易、何為者也？夫易、開物成務（開通萬物之志，成就天下之務），冒天下之道（包藏天下諸多道理），如斯而已者也，故聖人以通天下之志（開物），以定天下之業（成務），以斷天下之疑（用蓍龜占卜、決斷天下疑難）」。以上數語，可說是道盡了易道功用之所在，故繫辭傳又曰：「易之為書不可遠」（易書不可須與遺忘而遠離之），易占寓教於卜，本以濟世為懷，周易經傳寫作的原意，顯然並不單為占卜而設。

二、六十四卦的形成

(一)發生法——邵子於八卦「小成」後，再按「二分」原則，繼續向上推演三次（事實上是上下卦相重），由八而十六、十六而三十二、三十二而六十四，並按六十四卦橫圖作成圓圖。由圓圖可見陽起於復（子），左旋漸盛而極於乾（巳），陽極生陰，陰起於姤（午），右旋漸盈而極於坤（亥），陰極

伏羲六十四卦次序(發生法)

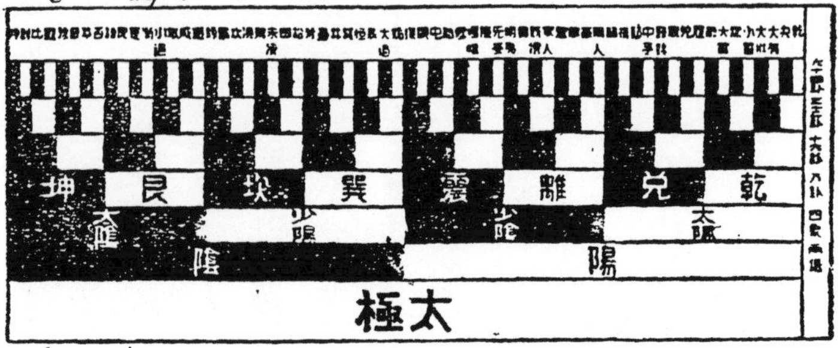

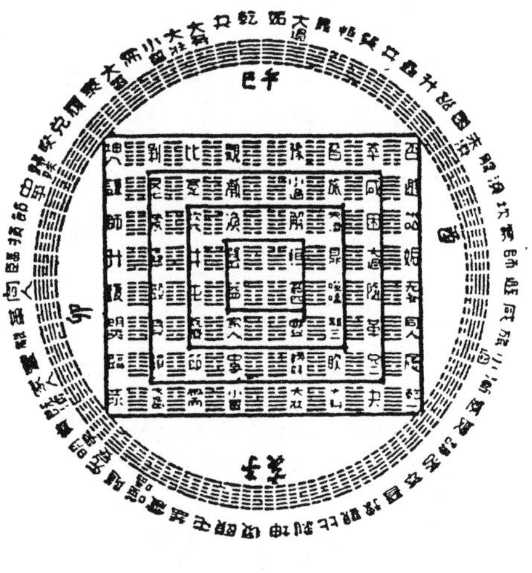

內　圈—雷風相薄
中內圈—水火不相射
中外圈—山澤通氣
外　圈—天地定位

生陽，周而復始，無有窮盡。按西漢焦延壽「易林」仿此再將六十四卦相重，每一卦依次先由本卦相重，再「之」往其餘六十三卦，與之相配，計共得四千零九十八變卦，每一變卦下各繫以斷語，用以占問吉凶禍福。焦氏易林爲西漢易書中唯一傳至今日者，或以爲係後人所僞託，但其中所載易象，確皆是東漢以來所失傳者，可知欲尋求西漢易詁，唯於焦氏易林中才能求得。

(二)相索法——以乾坤二卦爲

○辟卦相索法（俞琰直圖）

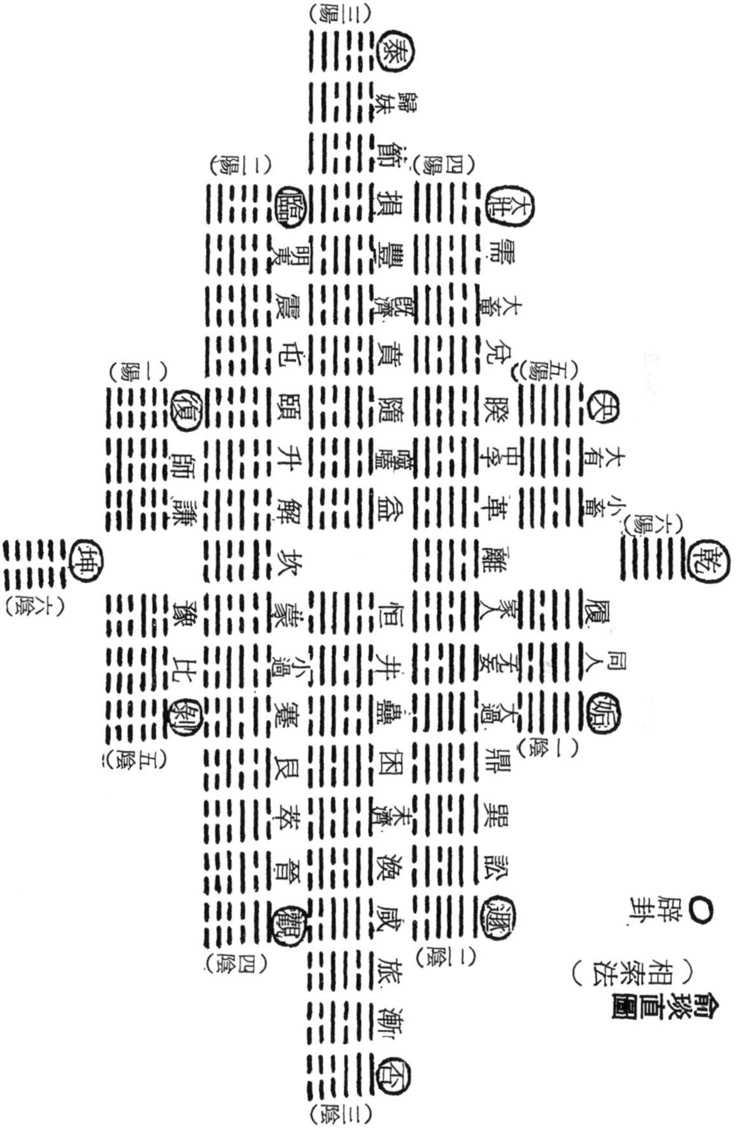
乾（六陽）
姤（一陰）
遯（二陰）
否（三陰）
觀（四陰）
剝（五陰）
坤（六陰）
復（一陽）
臨（二陽）
泰（三陽）
大壯（四陽）
夬（五陽）
大有　小畜
同人　履
大過　鼎　巽　訟
无妄　家人　離　革　中孚　睽　兌　大畜　需
恒　井　蠱　困　未濟　渙　咸　旅　漸
歸妹　節　損　豐　既濟　賁　隨　噬嗑　益
明夷　震　屯　頤　升　解　坎　蒙　小過　蹇　艮　萃　晉
師　謙　豫　比

基本，藉陰陽相盪，產生二卦以外的六十二卦：

1. 一陰（五陽）一陽（五陰）相盪，生復、姤、師、同人、謙、履、豫、小畜、比、大有、剝、夬十二卦。

2. 二陰（四陽）二陽（四陰）相盪，生臨、遯、明夷、訟、震、巽、屯、鼎、頤、大過、升、无妄、解、家人、坎、離、蒙、革、小過、中孚、蹇、睽、艮、兌、萃、大畜、晉、需、觀、大壯三十卦。

3. 三陰三陽相盪，生泰、否、歸妹、漸、節、旅、損、咸、豐、渙、既濟、未濟、賁、困、隨、蠱、噬嗑、井、恒、益二十卦。

4. 宋儒俞琰作先天六十四卦直圖，曰：「乾坤、陰陽之純，坎離、陰陽之交，乾純陽爲天，故居中之上，坤純陰爲地，故居中之下，坎、陰中含陽爲月，離、陽中含陰爲日，故居乾坤之中，其餘六十卦，自坤中一陽之生（成復）而至五陽（成夬），則升之極矣，遂爲六陽之純乾，自乾中一陰之生（成姤），而至五陰（成剝），則降之極矣，遂爲六陰之純坤，一升一降，上下往來，蓋循環而無窮也。」

㈢世變法

1. 西漢京房按陰陽相須相索之理，先將八（基本）卦本身相重，成八純卦，再以此八純卦按乾震坎艮坤巽離兌的次序，列爲八宮首卦，使爻位陰陽相盪，二氣交感，由下而上，凡遇陽變陰、遇陰變陽，依次變初二三四五爻成陰陽相反的爻，稱爲「世爻」。

(1)由初爻之變爲「一世」，依次二爻「二世」，三爻「三世」，四爻「四世」，五爻「五世」。

八純卦則以上爻爲世爻。

(2)由於不能再變上爻，（全變則成另一官首卦），於是還回第四爻位，變已變的四爻，使回復未

世變圖		乾宮八卦	震宮八卦	坎宮八卦	艮宮八卦	坤宮八卦	巽宮八卦	離宮八卦	兌宮八卦
天易	純（首）卦	乾	震	坎	艮	坤	巽	離	兌
地易	一世	姤	豫	節	賁	復	小畜	旅	困
	二世	遯	解	屯	大畜	臨	家人	鼎	萃
人易	三世	否	恒	既濟	損	泰	益	未濟	咸
	四世	觀	升	革	睽	大壯	无妄	蒙	蹇
天易	五世	剝	井	豐	履	夬	噬嗑	渙	謙
鬼易	遊魂	晉	大過	明夷	中孚	需	頤	訟	小過
	歸魂	大有	隨	師	漸	比	蠱	同人	歸妹

變前的原狀，謂之「游魂」，游魂卦以四爻爲世爻。所謂「游魂」，意謂乾附於坤，坤附於乾，震附於巽，巽附於震，坎附於離，離附於坎，艮附於兌，兌附於艮。

(3)最後第七次將已變的初二三爻，歸還本宮，回復未變前的最初原狀，謂之「歸魂」，歸魂卦以三爻爲世爻，所謂「歸魂」，意謂下卦仍歸下卦。

(4)以上一世二世爲「地易」，三世四世爲「人易」，五世八純卦爲「天易」，游魂歸魂爲「鬼易」。

(5)由上之變，可由八宮首卦產生五十六新卦。占卜時，世爻爲一卦之主，代表問占者本人，陰陽相應（後詳）的應爻爲賓，代表問占者所問對象。

(6)以乾宮爲例：乾宮之變，一世爲姤，二世爲遯，三世爲否，四世爲觀，五世爲剝，陰氣盈盛至剝卦時，已經消盡，本當返陽而未能復位，於是遽入四位爲游魂成晉，繼而陰退陽復，歸還本宮入歸魂之世成大有，此爲乾宮八卦，餘類推。

2.與八宮世應並立者，尚有「世建法」，建爲世月，以世爻合月建，其法由十二辟卦來，分一年十二月，陰陽各半，十一月至四月陽長爲陽月，五月至十月陰長爲陰月，於是可按一世二世等次序，以月建配合如次：

(1)一世卦——陰主五月，（一陰在午），陽主十一月，（一陽在子）。

(2)二世卦——陰主六月，（二陰在未），陽主十二月，（二陽在丑）。

(3)三世卦——陰主七月，（三陰在申），陽主正月，（三陽在寅）。

(4)四世卦——陰主八月，（四陰在酉），陽主二月，（四陽在卯）。

(5)五世卦——陰主九月，（五陰在戌），陽主三月，（五陽在辰）。

十二辟卦

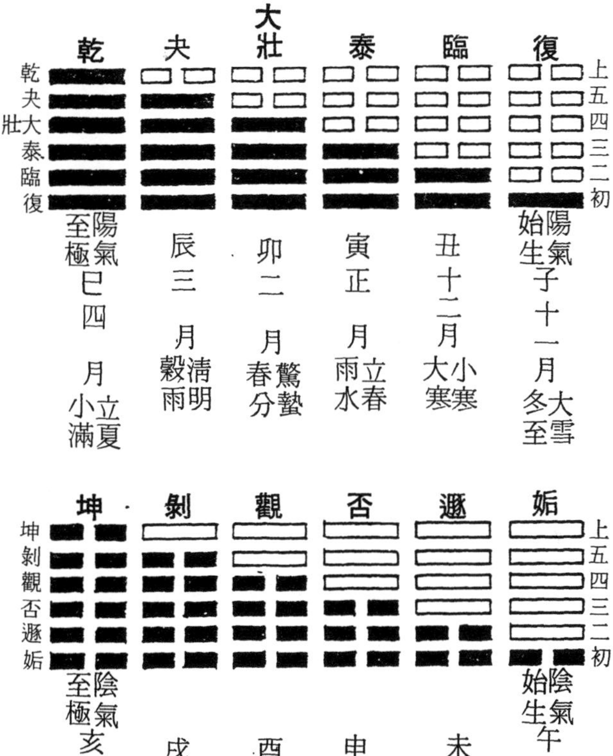

陽息	卦	月	節氣
陽氣始生	復	子十一月	大雪 冬至
	臨	丑十二月	小寒 大寒
	泰	寅正月	立春 雨水
	大壯	卯二月	驚蟄 春分
	夬	辰三月	清明 穀雨
陽氣至極	乾	巳四月	立夏 小滿

陰消	卦	月	節氣
陰氣始生	姤	午五月	芒種 夏至
	遯	未六月	小暑 大暑
	否	申七月	立秋 處暑
	觀	酉八月	白露 秋分
	剝	戌九月	寒露 霜降
陰氣至極	坤	亥十月	立冬 小雪

(6)八純上世——陰主十月，（六陰在亥），陽主四月，（六陽在巳）。

(7)游魂四世，所主同四世卦。

(8)歸魂三世，所主同三世卦。

3.例如歸妹卦䷵之得名，一說以爲歸妹爲兌宮「歸」魂卦，兌少女爲「妹」，故卦名歸妹。

(四)消息卦氣法與卦變

1.消息卦氣之說，出自西漢孟喜，孟氏之學，傳至三國時，得孟學眞髓的東吳虞翻，亦長於消息之學。「消息」之說，以易道「陽極生陰、陰極生陽」之理爲本，所謂「消息」者，陽生爲息，陰死爲消，「消」是陰爻侵入純陽（乾）卦、消剝陽爻的作用，爲陰氣的盛長，象徵向下衰落之勢，「息」是陽爻侵入純陰（坤）卦、置換陰爻的作用，爲陽氣的盛長，象徵向上興盛之勢，在「消」（坤虛）與「息」（乾盈）的循環交替（與盛衰互爲因果）下，產生六十四卦中的十二基本消息卦、亦卽十二辟卦，辟者王也，所以稱「辟」者，是因爲其餘五十二卦都是由此十二辟卦變動一爻與本卦或旁通卦中另一爻交易而成之故。

(1)息——易氣自下生，陽氣始生於子而息陰，由下而上，陽在初位爲復（多至），息至二位成臨，至三位成泰，至四位成大壯，至五位成夬，息至上位成乾（巳）而極，爲純陽卦，故復卽乾初九，臨卽乾九二，泰卽乾九三，大壯卽乾九四，夬卽乾九五，乾卽乾上九，陽極則一陰退伏於下，消初陽成姤。息者、長也、進也，陽動爲進。

虞氏十二辟卦出入圖

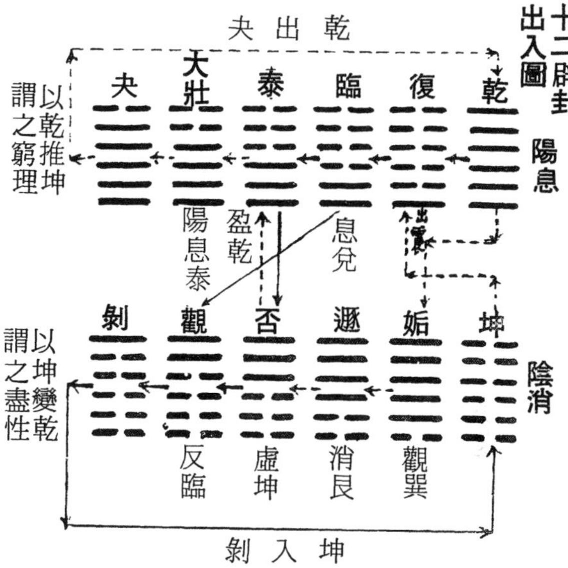

(2) 消——陰氣始生於午而消陽，由下而上，陰在初位爲姤（夏至），消至二位成遯，至三位成否，至四位成觀，至五位成剝，消至上位成坤（亥）而極，爲純陰卦，故姤卽坤初六，遯卽坤六二，否卽坤六三，觀卽坤六四，剝卽坤六五，坤卽坤上六，陰極則一陽來復生下，再息初陰成復，（所謂「剝極必復」）。消者退也，陰動爲退。

(3) 約言之，乾自子（復）至戌（剝）而入於坤（亥），坤自午（姤）至辰（夬）而入於乾（巳），陰陽往復，此消則彼息，此息則彼消，周流循環，生生不息，此爲卦義相傳之最古者。

(4) 按虞翻本乎「以乾原始，以坤要終」之理，依乾起息卦，依坤起消卦，以爲「陽始出震爲復，息兌爲臨，盈泰爲乾，泰反否，括囊成觀，終於剝而入坤，復反成震，陽虧於巽爲姤，消艮爲遯，虛坤爲否，否反泰，復成大壯，決於夬而就乾，復入於巽，是爲十二消息，坎離者，乾坤之合，不入消息中，乾坤旣合則坎離爲舍，出生萬物，是其用也。」

⑸先民視陽爲白晝，陰爲夜晚，以十二辟卦爲十二月，按照其所標示陰（夜）陽（晝）長短之象，推算產生二十四節氣，使每卦（月）各司二節氣。就時勢而言，陽息至乾而達高潮點，高潮至極則轉向低潮，陰消至坤而達低潮點，低潮至極則又轉向高潮。陰陽消息往復之理，亦象徵君子（陽）道長則成治世，小人（陰）道長則成亂世，一治一亂，盛衰興替，互爲因果，此爲天道自然之勢，因此周易亦教人如何掌握高潮，趨避低潮。

⑹宋儒邵雍（康節）著「皇極經世書」，按十二辟卦消息之理，以數推算自開天闢地以至於十二萬九千六百年後「天地復合」之間世運盛衰，以人事徵驗天時。邵子以此十二萬九千六百年爲一大「元」，而以十二辟卦分司此大「元」下的十二「會」，每「會」（一萬零八千年）計三十運，每運（三百六十年）十二世，每世三十年。

①第一會（復卦）司清輕者上爲天（開天），第二會（臨卦）司濁重者下爲地（闢地），第三會（泰卦）司天地既分，人生其間，（開物之初）。

②第六會（乾卦）陽臻全盛，其最末一運正値堯舜最文明的太平盛世，爲最高潮。

③自夏禹八年起進入第七會（姤卦），世運由盛極而衰。現今當爲第七會第十二運。

④自此以往至第十一會（剝卦）時，萬物皆絕，是爲閉物之候。至最後第十二會（坤卦），陰全盛而天地毀滅復合。

⑤但陽不可息，復有新闢天地下的另一「元」（十二萬九千六百年）依前式衍進，如此始而又

終，終而復始，以至於無窮。

⑥邵子的歷史哲學，顯然視世運爲先天一「元」消長之數，此消長盛衰之數，悉皆前定，非後天人力所能改變。

(7)早在東漢時，魏伯陽著「參同契」，亦按十二辟卦陽息陰消、終始循環之理，闡釋修眞之道。

①其要首在「致虛極、守靜篤」，（老子語，意謂觀无於无，不見可欲，至於致虛之極，則外物不入，內心不出，物我雙遣，是爲守靜之至篤者），能做到如此地步，則一念不生，寂然不動，「損之又損」（老子語），至於靜翕之極，亥子之交（先天坤卦位於亥子之交），萬化歸根之時，忽然无中生有，自窮陰之中迸出一點眞陽，一陽來「復」，（參同契所謂「復卦建始萌，長子（震）繼父（乾陽）體，因母（坤）立兆基」），得乾初體，逼露乾元眞面目，受眞種於乾父而滋育於坤母，是爲丹基眞種，（老子所謂「吾以觀復」）。

②此後陽息一分則陰消一分，陽息至極時，則復純陽之體（乾），反後天爲先天（亦即以坎中之陽，塡補離中陰虛），返本還原。故丹基眞種既生，則須謹愼溫養，以使成長至於盈盛（乾），成就金丹大道。但丹道既成，則陰來干陽（成姤），此時須防危慮險，滌慮洗心，轉進爲守，加護溫養，以保既得。

③總之，長生久視之道，惟在一靜之中而已。

2.以十二辟卦爲基本卦，變動一爻，與本卦或旁通卦另一爻互易，可直接或間接產生其餘五十二卦，此之謂「卦變之法」。由於辟卦以外的五十二卦，皆由辟卦而來，而十二辟卦卽乾坤十二爻，故繫辭傳曰：「乾坤其易之門邪。」

(1)凡卦由臨、遯、否、泰、大壯、觀六卦而來者，謂之「卦從爻例」。例如明夷卦䷣係由臨䷒二之三（九二進往三位，與六三互易）而成。之，往也。

(2)凡自乾坤生者（一陰一陽之卦），謂之「不從爻例」。例如師卦䷆係由乾䷀二之坤䷁二（乾卦九二之往神卦二位與坤六二互易）而成。

(3)但朱子則以爲凡一陰一陽之卦，皆自復姤（動一爻）而來；二陰二陽之卦，皆自臨遯而來；三陰三陽之卦，皆自否泰而來；四陰四陽之卦，皆自大壯觀而來；五陰五陽之卦，皆自夬剝而來。無論如何，十二辟卦卦變之說，爲象數之學主要立論依據之一。

(4)按卦變之說，係以乾坤爲根本，分一陽五陰卦爲一類，一陰五陽卦爲一類，二陽四陰卦爲一類，二陰四陽卦爲一類，三陰三陽卦爲一類，而以動一爻與它爻互易爲原則，納六十四卦於一大系統之中。但下列四卦爲特殊例外：

①坎卦爲乾二五之坤，於爻則從爻例，爲自觀䷓上之二。

②離卦爲坤二五之乾，於爻則從爻例，爲自遯䷠初之五。

③小過䷽本當從四陰二陽臨觀之例，但臨䷒或觀䷓不能以二陽爻同時皆動至三位四位，形成小過卦，是臨之二陽，止於初二，未及於三，而觀（之四）陰已消至四，故改從晉䷢上之三

來。

④中孚䷼本當從四陽二陰大壯遯之例，但遯䷠或大壯䷡不能以二陰爻同時皆動至三位四位形成中孚卦，是遯之二陰，止於初二，未及於三，而大壯（之四）陽已息至四，故改從訟䷅初之四來。

3.易辭以消息取象之例。

(1)息之例——大壯卦之得名。

①大壯由坤卦發展而來，一陽始生坤初（復），自下而上，息至四位時，陽至剛大而動於上（卦），此時陽氣已息長過中（過泰），陰柔愈弱，陽剛愈强，陽爲大，陽息至四，剛大長壯，大（陽）者勝而小（陰）者衰，故卦名大壯。

②陽息至三位成泰時，陽雖長而未盛，息至五位成夬、則陽已過盛而將衰，故陽（「大」）唯息至四位時，始可言「壯」。又大壯下乾剛而上震動，以乾之至大至剛，動而勢壯理壯，可以奮其有爲之志，故爲大者壯，亦爲壯之大。

(2)消之例——坤卦初六「履霜、堅冰至」，姤卦初六「繫于金柅」。（易理中之言質量互變者）。

①初在下象足趾，足在下所以履踐，故曰「履」，陰之消陽，起於初爻，陰氣始凝則成「霜」，霜者喪也，陽喪亡也，後天乾居西北冰寒之地爲「冰」，霜冰

坤 ䷁

復 ䷗ 一陽

臨 ䷒ 二陽

泰 ䷊ 三陽

大壯 ䷡ 四陽（陽氣息長過中，陰柔愈弱，剛大長壯）

皆乾天之氣加於坤地而成，坤初不當位，當之乾四（詳升降法），履乾之命，終成堅冰。

②又陰氣始消乾成姤卦，姤卽坤初，姤夬䷪相對，交易成「履」䷉，姤初旁通復，復下震爲足，亦爲「履」象，故曰「履霜」。陰消至五成剝，爲九月霜降，再消則上陽盡而成坤，爲十月立冬，此時水凝至極而陰功成、「堅冰至」。坤初卽姤，姤爲五月，陰氣始凝，雖尚未及霜降（五陰）立冬（六陰），但陰氣旣萌，進必消陽，蓋積漸則凝結成霜成冰，故雖五月一陰之微，仍當以初之所履，終將成九月之霜與十月之冰爲言，懼以終始，誡人防微杜漸，宜及早察之。

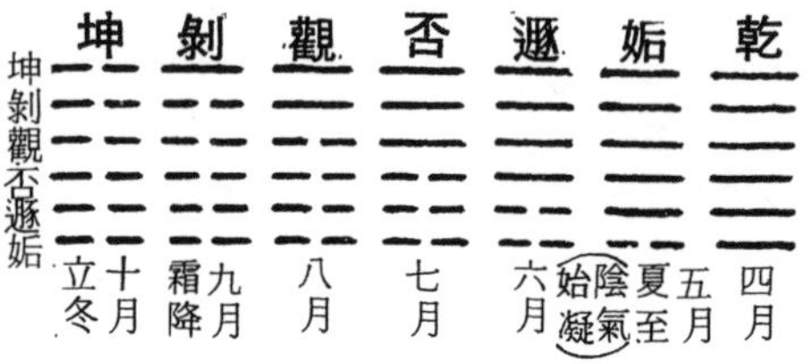

③陰氣始凝至於成霜，爲量的漸變，變至終極、積漸成冰，爲由量的漸變、至於質的突變，猶如小人初雖勢弱而微，如不及早防微杜漸，阻其浸長，則終必排盡君子，不可復制，故姤卦初六（卽坤卦初六）曰：「繫于金柅」，此蓋以堅剛止車之物繫止不使車行爲喩，誡人當防患於微細未盛之時，不使浸長成災。

4.按照陰陽消長之理，又產生「卦氣法」，卦氣法出自孟喜，盛行於西漢，京房尤精於此法。所謂「卦氣」，意謂「以易卦分配十二月之氣候」。

(1)卦氣法以坎震離兌（後天四正卦）爲四時方伯卦（亦名四監），主一年二十四節氣，其餘六十

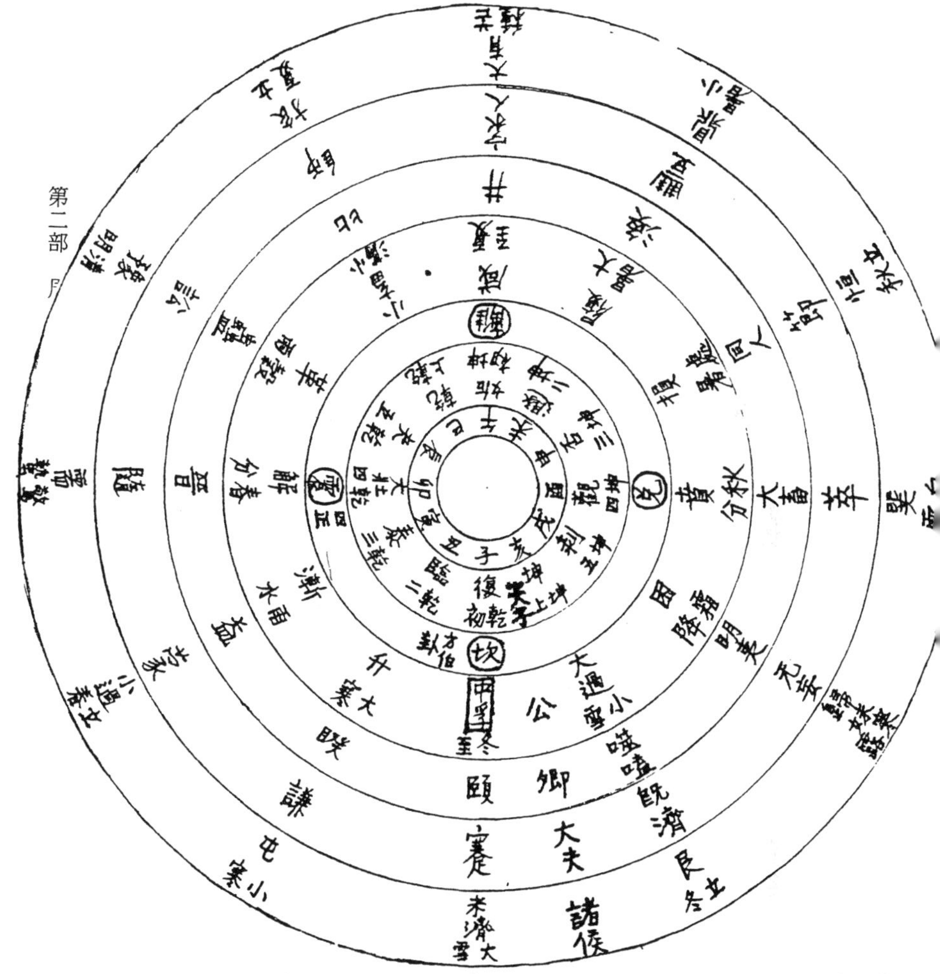

卦則主一年三百六十五又四分之一日，以合周天三百六十五度四分度之一。消息卦氣自中孚起冬至，每卦主六日七分：

①六日——以六十（卦）除三百六十日，其商爲六，故每卦主六日。

②七分——所餘$5\frac{1}{4}$日即$\frac{21}{4}$日，分子21與60之最小公倍數爲420，將此四百二十分平均分配於六十卦，則各卦除六日外，另再分得七分。

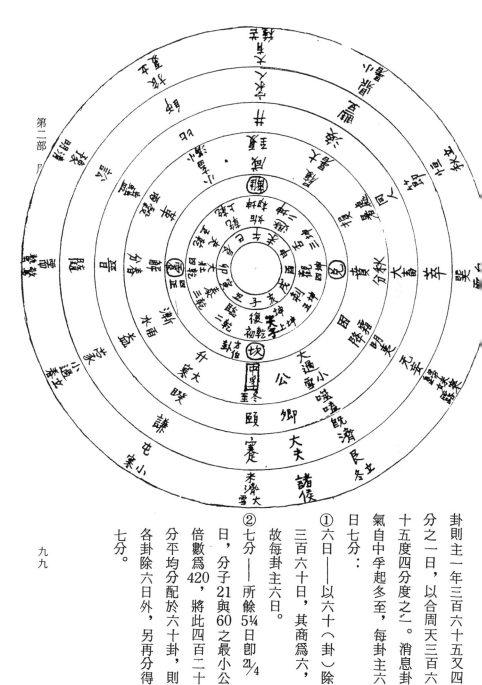

方伯卦	上爻	五爻	四爻	三爻	二爻	初爻
坎（北）	驚蟄	雨水	立春	大寒	小寒	冬至
震（東）	芒種	小滿	立夏	穀雨	清明	春分
離（南）	白露	處暑	立秋	大暑	小暑	夏至
兌（西）	大雪	小雪	立冬	霜降	寒露	秋分

③故方伯卦以外的六十卦，每卦除能分得六整日外，尚可分得餘數七分，故卦氣法又名六日七分法。卦氣法可用以闡釋天道盈虛之理。

(2)但六日七分的分配法，仍嫌不夠周密，於是就六十卦再以四方伯卦領十二辟卦主十二月，統屬方伯卦及辟卦以外的四十八「雜卦」，（換言之，每一辟卦統屬本身及四雜卦共四卦），分別標以辟（天子）、侯、大夫、卿、公，主一歲二十四節氣、七十二候（以辟卦每爻卽五日爲一候），各註以自然現象的變化，（如自然現象與所註不相稱時，謂之「卦氣不相應」）。六十卦自冬至起中孚六四，經六日七分，轉由復卦司氣，如此繼續歷完六十卦後，再回至中孚，循環不息。在此過程中，每一辟卦統五卦分配二節氣，此五卦以辟卦爲君，雜卦爲臣。

(3)由於六日七分之學以京房爲尤精，後人稱之爲京氏卦氣，其實此法相傳最古，後人所傳連山卦雖殘缺不全，以坎震離兌主四季則相同，可見三代時已有此學。

三、六十四卦爻位特徵與象數變則

㈠觀象之法——道不可見，聖人示之以象，象不可考，聖人又準之以數，數與象合，道乃可見。

1.理象數一貫之道，皆出於易，周易象爻十翼之辭，皆本於卦象，周易經傳無一字虛設，亦無一義虛懸，卽使是假借的虛字，亦必與卦象有關，因此以義爲訓，不可遺卦象，義不由象出，猶如論影而遺忘形之存在，易流於浮而不實。

2.六十四卦象象，大致因象的交易、變易、反易，而變其義，定其辭，變之所在，卽是象之所在，繫辭傳所謂「辭也者，各指其所之」，卽指此而言，但仍須隨時位不同而異其義。

3.觀象之法：（詳以下各節）

(1)首先觀卦序之次，與卦名之所取義，然後讀其辭。

(2)其次觀察內外卦象爲陰爲陽、爲正（方伯）爲隅，如係以兩卦名義取象，則觀其相成抑或相害。

(3)內外之義旣明，然後審定主爻，並就六爻別其陰陽剛柔，觀其是否當位，視其有無「之」「應」，察其往來之情，由而徵驗爻辭與象傳是否與所觀察者相合。

(4)如爻象之辭，出於所觀察之外，則須詳求其故，或求之於中爻，或求之於互體，更有未得，則求之於錯卦、綜卦，與上下交易之卦，更不能得，則詳玩先後天八卦圖，以本卦方位合之。

㈡逆數、三才、當位

1.卦氣自下生，八卦（三爻）相重成六十四卦（六爻）後，爻位次序仍是由下而上的「逆數」，以象徵某一類型人事現象互相呼應的六個階段。

(1)六爻以最下位爲「初」位，由初向上，以次「二」「三」「四」「五」位，均以數字順稱，至最高位稱「上」位。

(2)將爻位自初至上與「九」（可變的陽）「六」（可變的陰）相連並稱（如初九、六四、九五、上六）即可明確標示爻位及其性質。

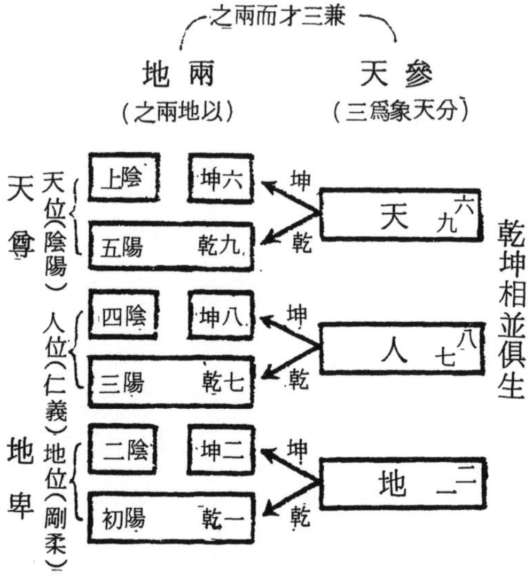

(3)周公依據各爻意義繫作爻辭，或取卦「德」，或取爻「位」，或取本卦本爻的「時」，或兼取「應」爻，或取所「乘」所「承」的爻，或兼取承乘應時位，或兼取其一二節，或取一爻爲衆爻之主，大致不出此數端。

2.卦之六爻仍分三才，以初二兩爻爲「地」位，三四兩爻爲「人」位，五上五爻爲「天」位，亦即所謂「三極之道」。乾鑿度引孔子曰：「易有六位三才，天地人道之分際也，三才之道，天地人也，天有陰陽，地有剛柔，人有仁義，法此三者，故生六位，六位之變，陽爻制於天也，陰爻繫於地也。」

(1)說卦傳曰「參天兩地而倚數（數由此而立）」，所謂「參天兩地」，亦謂分天象爲三，以地兩之，而立六畫之數，說卦傳曰：「兼三才而兩之」即此之謂。

①乾鑿度曰：「易變而爲一，一變而爲七，七變而爲九，……物有始、有壯、有究，故三畫而成乾」，又曰：「陰陽相並俱生」，又曰：「陽動而進，陰動而退，……陽變七之九，陰變八之六」，故僅有乾元一七九、而無坤元二八六，則數不立。

②太極一七九（乾）與二八六（坤）旣「相並俱生」（繫辭傳所謂「一陰一陽（老陰老陽少陰少陽皆合於十五）之謂道」），易變而爲一，則二亦同時化生，一變而爲七，則二亦變而爲八，柒變而爲九，則八亦變而爲六，雖陽進陰退，而實未嘗相離，分而畫乾坤，縱然已足明消息，但於以陽統陰、以陰成陽之道，仍未顯著。

③故乾天三畫雖已象天地人，由於陽內統陰，故復析陰而以坤地兩之，而爲六畫，以使陰並乎陽，陰陽之位錯居，剛柔之爻迭用，然後「六位而成章（成爻卦的文章）」（說卦傳文），繫辭傳曰：「乾坤相並俱生，物有陰陽，因而重之，故六畫而成卦」，即此之謂。

(2)易氣自下生，陽奇而陰偶，其畫一陽一陰，逆上而錯，故初乾二坤爲地道，三乾四坤爲人道，五乾上坤爲天道，此爲一七九、二八六的正位，三才的定理。

①故一卦之中，初三五爲陽位，二四上爲陰位，爻實位虛（故六位又名六虛），爻爲「飛」，

位爲「伏」，位有一定，爻變無常，自初至上，分佈六位，更迭互用剛柔二爻，或使居陽位，或使居陰位，六爻升降，上下往來，更易遞相爲用，（說卦傳所謂「分陰分陽，迭用柔剛」），凡陽爻居初三五位，陰爻居二四上位，爲「正」、爲「得位」、爲「當位」，陰爻居初三五位，陽爻居二四上位，爲「不正」、爲「失位」、爲「不當位」。（按王弼則認爲初未入局，上在事外，初上二爻爲事的始終，無有定位，漢學派不用此說。）

②但爻並非當位必善，不當位必不善，易道以時位相當爲可貴，而時位又隨卦的本質與大前提而有所不同。

(3)一卦六爻，惟中四爻爲得其用，因爲初爻尚未用事，上爻已在事外。在中四爻之中，二居下卦中位，五居上卦中位，具備「中」德，尤爲可貴，蓋易道正不必中，中則可幾於正。

①六居二位（如坤二、離二）、九居五位（如乾五、坎五），更是具備易道最理想的德行「中正」，「中正」是一種經過調節所形成的不偏不倚、無過之與不及，恰到好處的均衡狀態。

②但「中」亦謂「極中」之道，凡淳和未分之氣（太極），得和而中，度中而行，亦得稱中。如復卦䷗六四的「中行獨復」，（以「中」而「行」，其志「獨」特，故不但能明其道，且能「復」以自知「以從道」），卽取象於獨應初九陽剛乾元之「仁」，此以初之「仁」爲「極中」，中謂太極元氣，故六四象傳曰「以從道也」。

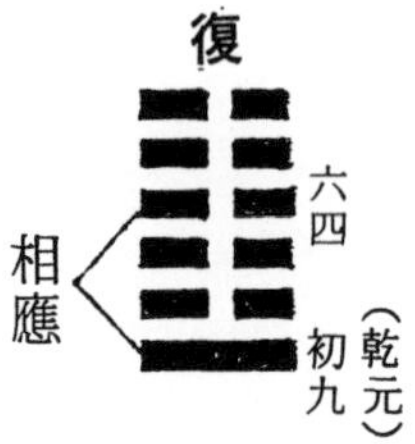

③按乾卦象傳曰：「乾道變化，各正性命（正定天生之性、秉受之命），保合太和（保持陰陽蘊結的祥和之氣，休養生息於其中，生存發展，各得其宜），乃利貞（萬物皆得利和而貞正）」。乾變坤化，貞成既濟，（見升降法），六爻變化，發而皆和，陰陽和則復太極之體，此之謂「中」。

3.按震巽坎離艮兌六子，爲乾父坤母所生，各得乾坤上中下一體，故乾坤之神運乎六子，乾王初三五，坤貞二四上。

(1)凡陽爻在初位四位爲震爻，象「動」（一陽動於下而上行），而以初九爲正位。在二位五位爲坎爻，象「陷」（一陽陷二陰之中），而以九五爲正位。在三位上位爲艮爻，象「止」（一陽升而止於上位，無可再進），而以九三爲正位。

(2)凡陰爻在初位四位爲巽爻，象「入」（初陽伏藏而入），而以六四爲正位，在二位五位爲離爻，象「麗」（二陽附麗於一陰），而以六二爲正位。在三位上位爲兌爻，象說（內健外順、和說之象），而以上六爲正位。

4.以乾卦爲例：

(1)乾卦初九爲震爻，震（一陽飛騰出地、象龍飛九淵之始）爲龍，初二爲「地」位，初「潛」地之下，象蟄以存身的「潛龍」。陽潛地下，微而難知，未可施用，故曰「潛龍勿用」，象徵君子處微，未得其時，道未可行，仍當守道

養晦，不隨俗變志，不枉道徇人而貿然施用。

(2)九二在「地」位之上，地上爲「田」，二不正，之正則下卦成離，離（陽明在外、明察外物）爲見，故曰「見龍在田」，象徵大德之人，離潛出隱，漸露頭角。

(3)九三之所以稱「君子」，因爲陽爻在三爲艮爻，艮陽在三陽位兼人位，人而陽，又居得其正，故爲賢人君子，九四雖人而陽，但在陰位，居不得正，則不得稱君子了。

(4)九五稱「在天」，是因爲五巳居「天」位，天位非飛騰莫及，故曰「飛龍在天、利見大人」，以象大德之人，德備天下，適時騰達，晉乎上位，恩澤遠被，照臨光大，萬衆歸心。

㈢爻的「位」

1 爻之所處謂之「位」。位爲列貴賤之地，待才用之宅，爻則用以守位分之任，應貴賤之序。

(1)將一卦六爻按照位置上下、比擬貴賤位的人物，則有下述的區分。乾鑿度曰：「初爲元士，二爲大夫，三爲三公，四爲諸侯，五爲天子，上爲宗廟，凡此六者，陰陽所以進退，君臣所以升降，萬人所以爲象則也。」

上	五	四	三	二	初
宗廟	天子	諸侯（首揆）	三公	大夫	元士

①初位——元士。在位卑下，象未出仕的白身。例如乾卦初九「潛龍勿用」，喻君子處微，未得其時，故晦藏其行，獨善其身，不求知於時，不倖取功名。

②二位——大夫。爲士大夫之位佐一國者，如師卦九二「在

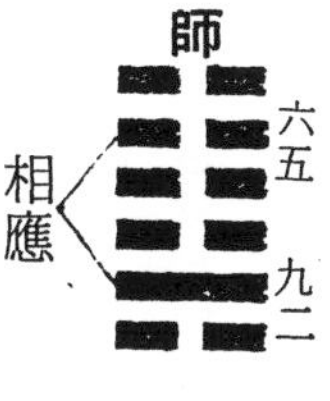

師中、吉、王三錫命」。本卦祗九二一陽爻，在下卦中（二）爻大夫下位、而領袖羣倫（上下各陰爻），此非專制方面、君命有所不受的將帥，處軍旅兵事之際，無此權威。人君（六五）命將（下應九二），不自專閫外，而全權倚任將帥，故厚其恩典，「錫」賜寵「命」，至於再「三」、禮稱而威重，所以信服於下，責其成功。

③三位——公、三公。如謙卦九三「勞謙君子、有終吉」，喻身當三公大任的重臣，勢盛而謙恭（取象以艮山之崇高而謙居坤地之下），「勞」而不矜伐其功，故滿而不盈，高而不危。反之，同人九三以剛戾奸雄之資，（以陽爻居陽位，剛戾而不中），意圖刼上同己，（下據六二、而與其相應之五君爲敵），終因理不直、義不勝、勢不順、力不敵而無成，故爻辭曰：「伏戎於莽，升其高陵，三歲不興」。

④四位——諸侯、或首揆。如隨卦九四「有孚在道以明」，喻陽剛權重居人臣極位的首揆，擅君之民，挾震主之威，欲不見疑於君，必須中心「有孚」誠，動爲合於正「道」，「以明」哲自處，始可免咎。

⑤五位——天子、元首。如比卦九五「顯比」，喻明君居元首尊位，萬民（上下五陰爻）皆來比附，故得「顯」揚其親「比」天下之道，無私於物，惟賢是與，「以」之「建萬國親諸侯」，（大象文），萬衆更益歸心。

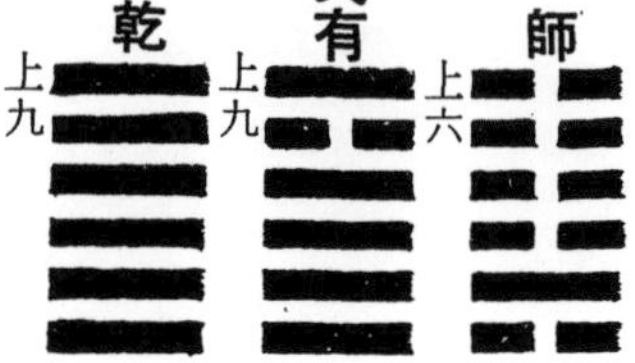

⑥上位——宗廟（人道之終）、天子父、天子師、或置身事外的高逸。如師卦上六「大君有命、開國承家、小人勿用」，喩師旅之功，至上而成，元首命封功臣，必於宗廟行之，上爲宗廟爻，故於上爻言「開國承家」。又大有上九喩陽剛大德之賢，居大有之極而不居其有，置身事外，退處無位之地，澹然不攖於勢利之場，得以保其名節，終其福祿，爲人君所尊尚，故爻辭曰「自天祐之、吉无不利」。但如其「知進不知退」（乾卦文言傳文），固執亢進，志滿意驕，昧於急流勇退之理，則必「盈不可久」（乾卦上九象傳文），故乾卦上九曰「亢龍有悔」。

(2)易卦六爻亦可「近取諸身」（繫辭傳文）爲象，如初爲趾爲足，二爲脛，三爲股，四爲心爲腹，五上爲首部面部，凡此皆專以爻位取象。例：

①噬嗑初九「屨校滅趾、无咎」，喩下民初犯小罪，用刑之初，僅以木械（「校」）刑具，「屨」之於足，遮沒其「趾」，薄懲於過小之時，止惡於初犯之始，使知所懼，不敢積漸爲大惡，故得「无咎」。繫辭傳曰：「小懲而大誡，此小人之福也。」

②咸卦六二「咸其腓、凶、居吉」，喩人不守道，無感而應，如「腓」（脛端）體動躁，欲行輒先自動，不待感而非分感物，躁妄自失，是爲「凶」道，能

安其本分、靜不自動、則「吉」。

③咸卦九三「咸其股、執其隨、往吝」，喻人以陽剛之質，竟不能卓然自主，其所「執」守，惟感於所欲，「隨」人躁動，猶如「股」之隨身隨足，不能自守，遂至每執愈下，以此而「往」，可羞「吝」之甚。

④咸卦九四「貞吉、悔亡、憧憧往來、朋從爾思」，喻人心交感，惟純正（「貞」）無私，不以有心而害於感通（四象所謂「未感害」），始「吉」而「亡」「悔」，如感物以私，廢心任思，一心欲人來應己，意有不定（「憧憧」）而有心役思於事物「往來」屈伸之變，思之所及，果有所感，思所不及，則不能感，由其不能感以無心，所感道狹，故僅其思所能及之「朋」類來「從」其「思」，不能光大盛德，以及於遠，（四象所謂「未光大」）。

鼎

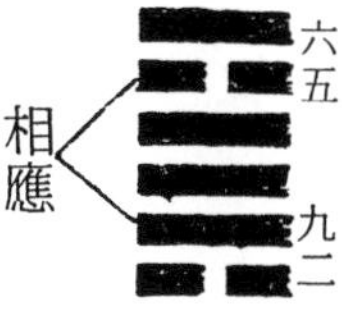

⑤鼎卦六五「鼎黃耳，金鉉、利貞」，喻國家元首能虛中受益，（「黃」、中也），納乎剛正，委任賢良（下應九二），假之以位，如「鼎黃耳」之能納受「金鉉」（貫耳舉鼎者），故能得其實用，（五象所謂「中以爲實」）。然六五陰柔，故戒以「利」在「貞」固自守，不宜自失正道。

⑥噬嗑上九「何校滅耳、凶」，喻罪人積惡至極，罪大不可解，異於初九初犯罪小，尋常刑罰已不足以懲戒，故刑及其首，使「荷」擔枷械（「校」），「滅」沒其「耳」，以至於誅殺，罪大積惡至此，其「凶」可知。

⑶但五位亦有因時義而不取君義者：如旅卦䷷六五，因人君以天下爲家而無旅，有旅非失位卽蒙塵。自五以外，其他爻辭之稱「王」者，並非其爻當「王」，而是對五位而言：例如隨卦䷐上六係於九五，故曰「王用亨于西山」；益卦䷩六二有應於九五，故曰「王用亨于帝」；升卦䷭六四承於九五，故曰「王用亨于岐山」，以上皆德與時稱，故王者簡而用之，以答乎神明之心。又上爻有蒙五爻而終其義、語其成效者，如師卦䷆上九「大君有命」，係因六五之君，命師定亂，至此而奏成功；離卦䷝上九「王用出征」，則因六五之君，憂難圖治，至此而除亂本，易中五上兩爻，此類最多，亦非以其爻當王之故。又上雖無位，本是貴重，所謂「貴而无位、高而无民」（乾卦文言傳文）在人君則爲天子父、爲天子師，在他人則爲清高在物外而不與事者，其所以爲貴者以此。

2.由上可見在一卦六位中：

⑴二與四同爲陰位，二應五、四承五（比與應後詳），助陽佐君（五）的功用相同，且二四同互一卦，下四爻互者，二爻卽四爻，上四爻互者，四爻卽二爻（後詳互體節），其功用相同，但二者有二內四外，二遠五、四近五的不同，功用亦有善不善的差異。

①二以柔居下卦中位，具備易道最契重的「中」德，陰居二位，尤具「中正」之德，雖遠於陽剛五君，不相親比，以其不逼近五、而相與應助（二五相應），故意氣舒展、而多稱譽的繫辭。如比卦六二「比之自內、貞吉」，喻在下賢才，守己之志，必待上之聘求，始出而應從，

不自降志辱身，故貞正而言，象曰：「不自失也」。

②四則既非中位，又處上卦之下，下卦之上，居上下無常之際，且逼近五君，遑懼不得自安，故多危懼的繫辭。如震卦九四「震遂泥」，喻人處震擾之世，欲有所動，不但不能奮發，反陷溺於困境，猶如足之進陷泥濘，不能自拔，志氣不得光亨，故象曰「未光」。

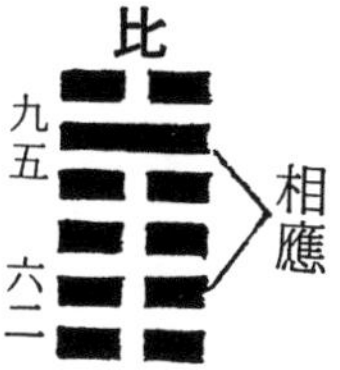

③故二之善宜著，四之善宜隱，繫辭傳曰：「二與四同功而異位，其善不同，二多譽，四多懼，近也」。凡陰柔之道，當親附於人，以期獲援得濟，故不利遠者，四既遠於所應親援（初），又上逼五君，不得自安，故多懼。二則雖遠於五，似乎不利，但仍得「无咎」者，以其用柔居下卦中位，其要會無有過咎，不同於四之多懼，故得多譽，繫辭傳曰：「柔之為道，不利遠者，其要无咎，其用柔中也」。

(2)三與五同為陽位，三治一國，五治天下，同具治人陽功，且兩爻同互一卦，下四爻互者三爻即五爻，上四爻互者，五爻即三爻，（後詳互體節），其功用相似，但二者因爻位高下而有五貴（高）三賤（下）的不同。

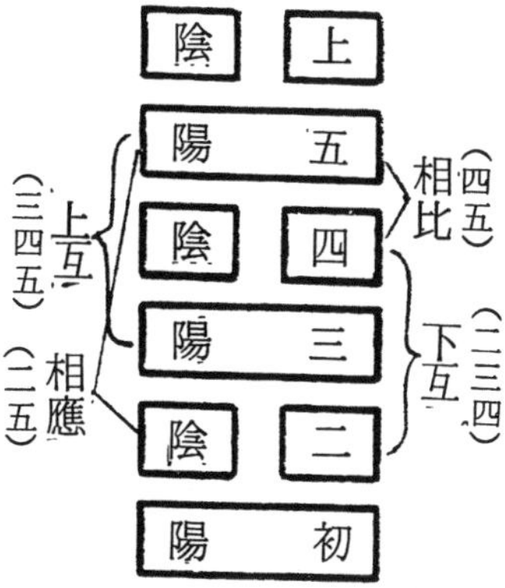

①三以剛居下卦上位之極，有近乎極端之嫌，又當上下之交，

內外之際，非平易安和之所，最爲難處，故多凶辭。例如大過九三以大過之陽，剛以自居，而不得中，剛過（中四爻皆陽）則不但易折，且自橈而不勝重負，故本卦大前提「棟橈」（中强而上下本末弱，易於橈折）一歸於三爻，而有「凶」象。

②五則居上卦中位而處尊，具備「中」德，陽居五位，尤具易道理想中的最高德行「中正」，故六爻之功，全歸於五位，而五爻亦因此每多褒功之辭。如隨卦九五以中實居尊得正，以乾之陽剛居兌（上卦）之中正，爲一卦說隨（兌爲說）之主，又下應六二中正的大臣，上下交「孚」，中誠而信「孚」于善（「嘉」），其「吉」可知，故爻辭曰：「孚于嘉、吉」。

③按三居下卦之極，上卦之下，亦象諸侯之國的國君，有威權之重，若無「含章」之美，（坤三爻辭、意謂含晦不露己之章美文采），則爲凶道，故易卦三十二個九三中，唯謙卦䷎九三「勞謙」（有功勞而自謙）一爻，無條件許之以全「吉」，但五則因居上卦中位，不偏而處尊位，可得以道濟物，廣被寰宇，故所繫之辭多功。至於三爻之所以多凶，不能如五爻之多功者，蓋五爲貴，有獨運之權，三爲賤，不能專成，以貴賤之等次，賤者不能與貴者相同也。

④但三五皆爲陽位，故陰柔居之，每因不當其位、不勝其任、而多傾危，陰柔居三位尤其如此。

解

六三

渙

九五

巽（順）

坎（水）（汗）

如解卦六三「負且乘、致寇至、貞吝」，喩市井「負」販下民，處非其正，竊位僭居至貴大位，「乘」公卿大夫之車輿，駕馬行於大逵，非其所據，力不勝任，必招「致」「寇」盜前來奪取，雖使所爲得其「貞」正，或能以正道得此高位，亦是羞愧鄙「吝」之至。剛正居三位五位，則當位而克勝其任，陽剛居五位，尤爲有功。如渙卦九五以陽剛中正巽順之道居尊位而治「渙」散離難，得其治道，故能布德澤，宣政令（所謂「大號」），以之施於天下，洽浹於民心，由中而外由近而遠，無不被而及之，猶如「汗」出身中，從心而液，浹於四體，出而不反上無悔言，下無違命，以之拯濟天下之「渙」，則「居」「王」位而稱，「无」有悔吝「咎」衍，故爻辭曰：「渙汗其大號，渙王居，无咎」。按繫辭傳曰：「三與五同功而異位，三多凶，五多功，貴賤之等也，其柔危，其剛勝邪。」

⑤但陰爻居三五陽位，亦有因得時而吉者，如訟卦六三之「食舊德、貞厲、終吉」，以三體柔順，非能爲訟者，如守其素常，安其分之所當得，（「食舊德」），無求而不與人競利爭訟，能守常居正（「貞」）如此，則雖處危「厲」之地，而人莫之能傾，「終」必獲「吉」。又未濟六五「貞吉、无悔、君子之光、有孚、吉」，喩文明（離象）之主，養之以晦，撝之以柔，虛其中以求在下陽剛賢才（下應九二），爲之輔佐，正其身以正天下，堅其誠以任賢才，功實相稱（「有孚」）故得暉「光」日盛，轉未濟爲既濟而獲「吉」。

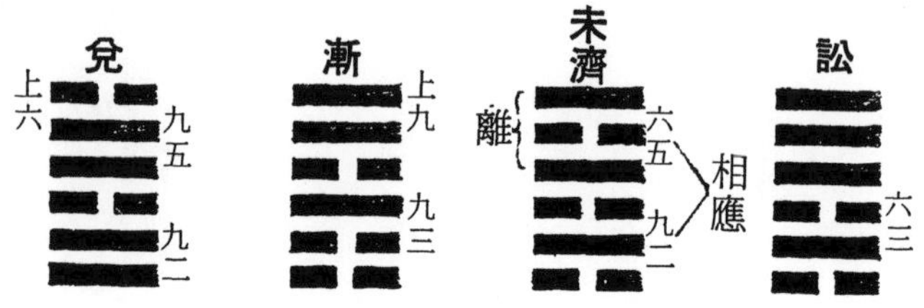

⑥陽爻居三五陽位，亦有因失其正應而凶者，如漸卦九三「夫征不復、婦孕不育、凶」，喻人當漸進之時，而有躁進之嫌（剛爻居陽位），欲有所征進、而上無應援，（三上俱陽相敵應），當守正待時，而仍「征」行，溺「不」知反（「復」），猶一家之中，「夫」離其羣，不顧其家，樂於邪配，則「婦」道亦自顚覆，不能執貞，雖「孕」亦「不」合生「育」之理。又兌卦九五「孚于剝、有厲」，以五雖得中正而處尊位，然上比上六而下與九二無應，猶如剛中之元首，一時惑信（「孚」）柔說小人（上六）、而疏遠君子（九二），故爲消「剝」危「厲」之道。

(3)按二五兩爻常稱「中」、「正中」、「中直」、「中道」、「中行」，凡二五中爻陰陽相應稱「得」、「有孚」、「志應」；不相應稱「喪」、「不孚」、「志不相得」；又凡五爻中實爲陽稱「富」、「實」、「盈」、「正位」，中虛爲陰稱「不孚」、「虛」、「无位」。三四兩爻爻辭常用「際」、「商」、「進退」（上下无常）、「疑」、「惑」、「恐懼」、「輔」等字樣，因爲三爻在下卦上位，四爻在上卦下位，象徵上下不定且疑懼之故。

(4)又按、剛柔中正謂之「德」，剛柔各有善、有不善，時當用陽剛，則以剛爲善，以柔爲不善，時當用陰柔，則以柔爲善，以剛爲不善，但「中正」則無有不善，而中與正二者之中，「正」

又不及「中」善，因爲正者未必盡中，而中者可臻於正，故一卦六爻，當位者未必定吉，惟二五居中位、則吉者獨多。總之，一卦卦爻之象，非綜合二三四五中爻，不能周遍無遺，繫辭傳曰：「若夫雜物撰德，辨是與非，則非其中爻不備」，二三四五爻皆可以稱「中」者，二是下卦中位，五是上卦中位，三是下互卦中位、四是上互卦中位，二五固爲上下卦中位、三四亦爲上下互體之中位也。

(5)初上兩爻，全卦精義，要以初爻爲本，上爻爲末。初亦爲始、爲下、爲潛、爲趾、爲足、爲尾，上亦爲終、爲高、爲亢、爲窮、爲首、爲角、爲口、爲舌、爲輔、爲頰、爲顚。

姤

初六

①由於初爻是一卦卦旨的發端，起於細微，形體未成，事未顯著，涵義往往晦隱難知。如姤卦初六「繫于金柅、貞吉」，當一陰始生之時，如任其盛長，則陽道消剝至盡，不可復制，故當「繫」而固止之於初始，如「金柅」之固止車輿，則於陽剛「貞」正之道爲「吉」，然姤以一陰始伏於下，人猶未覺其凶，故爻辭又曰：「有攸(所)往、見凶」，所謂「見凶」，爲察於先之辭，惟能早察於先，才能防止其未可知之患於後。

大有

上九

②上爻則以卦成於上，全卦發展至上爻終結之時，卦義彰顯，理象畢呈，成敗已著，故卦義較易於領會。如大有上九「自天祐之、吉无不利」，係承六五而言，六五之君，具備虛中孚誠之德，居尊位，用柔中，又能尚賢崇善，行順乎天，

故獲「天祐」，所以在上九爻辭中言之者，大有之吉、爲全卦之吉、非僅上九而已，以六五之德，而獲「天祐」，至終上而驗，故於上爻總結全卦「吉」義。易之取義，多處皆是如此。又如小畜上九「婦貞厲、月幾望」，亦是承六四而言，蓋六四以一陰（小）畜衆陽，至上而始成爲「貞厲」之「婦」（婦人陰盛敵陽而加畜制，雖以此爲正，亦危「厲」之道），故於上言「婦貞厲」。

小畜  上九

③初惟難知，得失未明，故作易者繫初爻之辭、必擬而議其何象可占，不敢輕率；上惟易知，得失已明，故繫上爻之辭，不過綜合在下各爻而成其終竟而已，故失之初微，猶可以擬議，如過在終成之時，則戾積不反，已非擬議可及，繫辭傳曰：「其初難知，其上易知，本末也，初辭擬之，卒成終之」，故雜陳所主天下事物，撰述其剛柔德性，辨定其是非、當否、順逆、吉凶、存亡，非綜合二三四五中爻之義，不能周遍無遺。

④所以最下位名「初」、最上位名「上」者：

甲、內卦最下位名「初」者，以「時」爲着眼，欲明「氣」之肇端，於此而始；外卦最上位名「上」者，以「位」爲着眼，欲明「形」之成質，至此而定。但初爻考之以「時」，欲追尋其來處，則又宜在「位」上考究；上爻定之以「位」，欲人知其窮極將反，則又宜在「時」上着意。即此「時位」二字，有位中之時，有時中之位，周公釋爻，每兼時位，即此之故。

乙、周易爲「中古」之書，文字初起，不能不簡而賅，以便於傳習，作易者深知一卦六爻各有不同時位，而又不能合時位爲一，故賅以一字，用一「初」字著其「時」之理於下，而以一「上」字著其「位」之理於上，各從其所重而定其名。再者，易卦六爻係分天（乾）象爲三，兼三才以地（坤）兩之而成，乾（參天）以始之，故舉其端而言「初」，坤（兩地）以終之，故竟其委而言「上」，周易卦爻、文字所不能兼備者，象無不可以兼備，易象較之文字，更是不可限量。

丙、又內卦曰「來」，外卦曰「往」，「初」是「來」之始，「上」是「往」之極，八卦本於太極，太極无象可求，故以兩儀初成之，爻之所以命名爲「初」者，正因爲有形可睹，自此一爻開始，故用一「初」字，欲人溯源於太極，至於用一「上」字，則又明乎爻極於此，欲人知極則必反也。由於有「往」則必有反，有「來」則必有初，而爻象之「來」處非可易察，故孔子曰：「其初難知」，若其既有所「往」，自無往而不反之理，今以一「上」字說到極處，無可再加，則必反之理，已在其中，顯而易明，故孔子曰：「其上易知」。按易卦內三爻皆可言「來」，不限於初，外三爻皆可言「往」，不限於「上」，蓋作易者以三畫成卦，三爻雖陰陽上下不同，而實同具一卦性情，只宜作一卦看，重卦縱分內外，不過體用兩端而已，故同爲內卦，皆可自「初」而言「來」，同爲外卦，皆可因「上」而言「往」。

⑤按通常上爻尤其上九，莫不因爻位窮極而凶，但鼎、井、大有三卦之上爻則吉，蓋鼎食上出可餐，故鼎卦上九曰：「大吉、无不利」；井水上出可飲，故井卦上六曰：「有孚、元吉」，（盡其「孚」誠，如井之有源不窮，博施廣濟，故獲「元」善大「吉」），二卦上爻不問當位與否，皆有吉辭。大有則上九雖爲六五元首所尊尚，而自知退處无位之地，「有」至於極，而不居其「有」，故上九曰：「自天祐之、吉无不利」。總之，易辭多變，繫辭傳曰：「原始要終，不可爲典要」，正指此而言。

鼎　上九

井　上六

大有　上九

⑥元儒許衡曰：「初、位之下，事之始也，以陽居之，才可以有爲，然恐其不安於分，以陰居之，不患其過越，然恐其懦弱昏滯，未足以趨時，大抵柔弱則難濟，剛健則易行，或諸卦柔弱而致凶者，其數居多。若總言之，居初者易貞，居上者難貞，易貞者，由其所適之道多，難貞者，以其所處之位極，故六十四卦，初爻多得免咎，而上爻每有不可救者」。以上所言，可說已將初上兩爻之情，一覽無遺。

⑦「九」「六」所以置「初」「上」之下、而置「二」「三」「四」「五」之上者：

甲、乾元之亨，先氣後形，氣之將至，固然无形可執，然氣既至而形於初始仍未顯著，陰陽之體，仍未可定，故不能先定以「位」，但可考之以「時」、而先稱其爲「初」，必須經三變定爻（參閱附錄「易卜」），察其數之多少，至於有陰陽老少可辨時，始有「九」

「六」之可稱，譬如妊娠將娩，祇知其初生而已，必待既生之後，審其形體，而後可定男女之性，是「時」之可徵者在先，形之可觀者在後，故「九」「六」置於「初」字之下。

乙、卦至「上」爻而復將「九」「六」置「上」字之下者，「上」爲窮極將反之時，其上更無可加，「上」之一位卽一卦之大終大止，「位」得而主之，陰陽至此，皆不能自主，且極則將反，故將「九」「六」置於「上」字之下。

丙、至於「九」「六」置於「二」「三」「四」「五」之上者，卦之初爻既成，陰陽二象，已有定體，乃可審定已至的分數，隨陰陽至於二分、三分、四分、五分，而定之爲「九」「六」之「二」「三」「四」「五」，猶如嬰兒既生，男女可辨，乃以數記其長幼次序，故「二」「三」「四」「五」置於「九」「六」之下。

(6)通俗言之：

①「初」「上」之動爲始終之動，始動漸，故難知，終動劇，故易知。「二」「五」之動爲主幹之動，「二」爲基礎的建立，其動實，故多譽，「五」爲發展中的成就，其動華，故多功。「三」「四」則在上下交替之際，進退不愼，則生悔吝，故「三」動多凶，四動多懼。

②又「初」爲變之始，「二」爲變之顯（分），「三」爲變之通，「四」爲變之動，「五」爲變之成（盛），上爲變之終。

③下（內）卦三爻象徵內在基礎建立的初中末三階段，上（外）卦三爻象徵外在發展的初中末三階段，易卦六爻可視爲某類人事現象內在外在各相關階段間互相呼應（初與四、二與五、三與上間相應、後詳）的六個階段，任何現象發展至第六階段時，窮極而反，脫出本現象範圍以外，反爲另一現象範圍內的初始階段，故曰：「至六而極，至七而復」。

3.爻之當位者，不必盡善，不當位者，未必盡不善，易象以時位相當爲可貴，相當則雖凶无咎，不相當則雖吉不足以爲訓，但各卦各爻時位，各不相同，不可執一而論。

(1)象是全卦的大前提，爻爲小前提，故爻辭吉凶每隨全卦大前提爲轉移，二卦相同之爻，處相同之位，甚至比應關係亦相同時，其吉凶否臧可以全異，因爲易道貴乎變通趣時，與時偕行，「時」的因素，足以支配「位」的價值，使其完全改觀。

(2)以既濟九五爲例，本爻以陽剛居上中五位，具備「中正」之德，又與在下中正之六二相應，就全卦「位」的因素而言，既濟而至於「五」位盛極之時，各爻又處皆當位，應屬至善盡美，但九五爻辭反不如未濟九二之得「時」，而有「東鄰殺牛不如西鄰之禴祭，實受其福」之歉咎之辭者，（喻既濟盛極之時，易萌驕奢，循致盛極而衰，故（祭祀）與其奢而慢，不如儉而敬的「實受其福」），因爲九五已處既濟完成階段，功成事遂，「時」的因素，至於極限，「位」亦隨之無可再進，反有盛極轉衰之勢，故既濟卦辭（大前提）起首卽戒以「初吉終亂」，大象又勉以「思患而豫防之」。

至於未濟九二，「位」雖不當，而始得其「時」，反可大展其陽剛濟世之才，故象傳以「中以行正」許之。

4. 卦主（主爻）

(1)易卦卦義通常統於一爻或數爻，謂之卦主（或主爻），爲一卦的主意，足可代表全卦，據以定象，餘爻雖變而不離其宗。以謙卦爲例：

①謙卦上（外）坤爲地、下（內）艮爲山，以艮山之崇高，乃能謙居坤地之下，象大德之賢，雖內蘊崇高德行，外則謙損自抑，「後其身」（老子語）而不自尊高，故卦名「謙」。

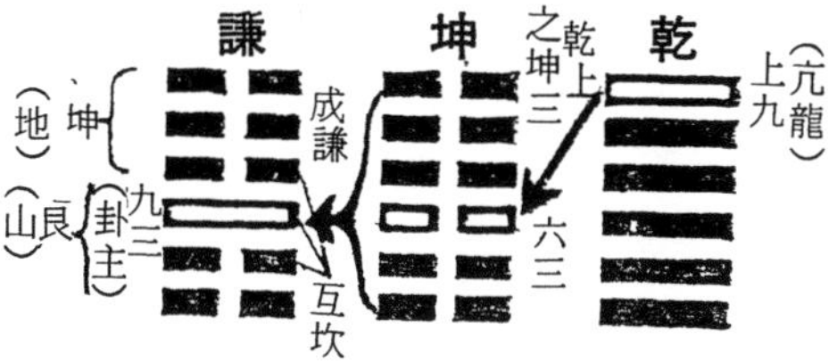

②本卦以九三爲卦主，卦辭「謙、亨、君子有終」，（「謙」道屈己下人，先人後己，止〔艮〕乎內，而順〔坤〕於外，所在必通，故有「亨」道，然亦惟「君子」爲能有始「有終」），事實上可以九三「勞謙君子（有功勞而不矜不伐的君子）、有終吉」爲代表，表達全卦精義。謙卦下卦艮（體乾三、陽在三）爲君子，卦主九三不僅爲下體艮卦主爻，亦爲謙卦全卦主爻，謙卦由乾卦上九「有悔」之「亢龍」（喻無德而居高位者，窮高「亢」極，如窮而不知變，知進不知退、知存不知亡，則「悔」吝凶咎隨至），因亢極而悔，謙抑自損，急流勇退，降居坤卦三位而成，（參閱後節升降法），乾上之坤三，成謙卦主爻

九三。

③乾上之坤三，乾坤陰陽相交而通，故卦辭曰「亨」，亨者通也，乾上降居坤三，坤卦下卦成艮「君子」，全卦成謙，艮（一陽止上，象陽道之終）亦爲「終」，象「君子」安履乎謙，有始亦「有終」，九三與二四兩陰爻形成互體坎卦，坎（水行不舍晝夜、勞而不倦）爲「勞」，故九三爻辭曰：「勞謙君子、有終吉」，意謂君子「勞」而不懈，有功不伐，「謙」恭自牧，似此謙道，亦惟「君子」爲能行之「有終」，故能首獲其「吉」。此爻爻辭足可表徵全卦精義。

⑵卦主有成卦之主與主卦之主之別，大凡用事之爻，在下卦者爲行己之事，在上卦者則爲制人之事。

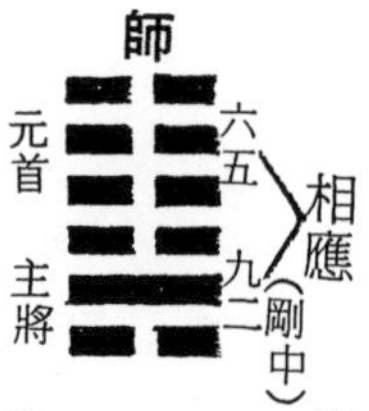

①成卦之主，爲卦之所由成者，如師卦九二，即卦辭中的「丈人」（有長才之人），爲居下位而獲在上元首（六五應九二）全權委任，統衆（上下羣陰）行師，專制方面的主將。無論位之高下、德之善惡，凡卦義因之而起者，皆得爲成卦之主。

②主卦之主，德善而得時位者屬之。周易爲成大業之書，成大業必歸諸有德有位之人，故易卦取五爻爲主卦之主者獨多，如乾卦九五「飛龍在天」的大人，即爲一例。它卦亦有取爲主卦之主者，如謙卦九三「勞謙君子」，即爲主卦之主。

③易卦亦有成卦之主兼爲主卦之主者，類此卦主，亦必同時德善而又兼得時位者屬

之，如泰卦九二「得尚於中行」（配合中行无過不及之道），與六五「以祉元吉」（以之受享福祉而獲元善大吉），既爲成卦之主，又爲主卦之主，因爲泰卦重「上下交而志同」（象傳文），九二能盡臣道而上交，六五能盡君道而下交，故有是象。

泰

兌

④成卦之主不得兼爲主卦之主者，大多係因德與時位參錯不相當所致，如兌卦二陰爻六三「來兌」（左右逢迎，惟容悅爲事之小人），與上六「引兌」（說不知巳，復引長感人之小人），爲成卦之主，但皆說不以正，故不得爲主卦之主，主卦之主則爲九二「孚兌」（以誠信孚於人而爲說）及九五「孚於剝」。九五爻辭意謂元首陽剛中正，當說（兌爲說）之時，而居尊位，恐其或「孚」（信）於「來兌」（六三）諂媚之小人與「引兌」（上六）「剝」君之近僻，以致陷入危「厲」之境，故以「孚于剝，有厲」警之。二五兩爻皆以德善而爲主卦之主。

⑤大致何爻爲卦主，可以從象傳中去探索。例如師卦象傳曰「剛中而應」，師卦僅有九二一陽（剛）爻，與六五之君相應，以象在下位的將師，榮膺在上元首的全權委任，可知卦主卽爲居下卦中位的九二，與上卦中位的六五。在各卦卦主中，若成卦之主卽主卦之主，則是一主；若既有成卦之主、又有主卦之主，則兩爻皆爲卦主；或其成卦者兼取二爻，則二爻又皆爲卦主；或其成卦者兼取兩象，則兩象之兩爻，又皆爲卦主。

四應比與升降法

1.相應——易卦六爻上下卦相當爻位間，有互相感應作用，以象人事現象內在外在的互相因應。

(1)易緯乾鑿度曰：「物有始（初）、有壯（中）、有究（末），故三畫而成乾（分天象爲三、卽一七九），乾坤相並俱生（二八六與一七九同時並生），物有陰陽，因而重之，故六畫而成卦（以地兩之爲陰陽剛柔仁義），物感以動，類相應也，易氣從下生（鄭玄註：易本无形，自微及著，故氣從下生，以下〔初〕爻爲始），動於地之下（下卦初位），則應於天之下（上卦四位），動於地之中（下卦二位），則應於天之中（上卦五位），動於地之上（下卦三位），則應於天之上（上卦上位）、（鄭玄註曰：天氣下降以感地，故地氣升動而應天），初以四、二以五、三以上，此之謂應」。

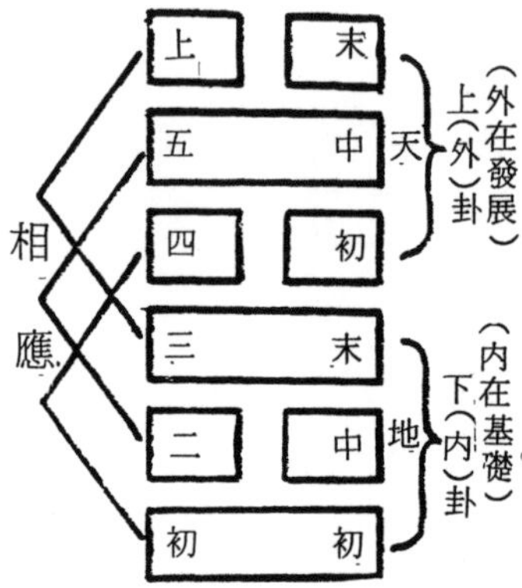

(2)上段文字通俗化言之，下（內）卦三爻（初二三爻）象徵內在基礎的初中末三階段，上（外）卦三爻（四五上爻）象徵外在發展的初中末三階段，內在外在的相當階段初與四、二與五、三與上之間，有互相感應的作用，所謂「應」，卽「同志」之謂，凡初與四間、二與五間、三與上間，如爲一陰一陽，謂之「相應」，同爲陰或同爲陽，謂之「不相應」、「無應」或「敵應」。

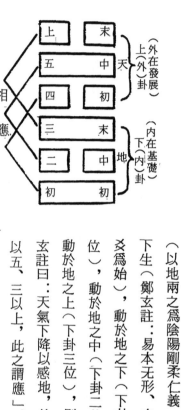

(3)此種作用亦象徵心（內在主觀心靈）物（外在客觀實在）間，存有感應作用。北非努米迪亞古哲奧古斯丁的知識論，本於希臘古哲柏拉圖的認識論，認爲「下層（內在）感官間所有的存在，均可在上層（外在）觀念界找到對應觀念，有最高存在自身，就有虛幻的影像世界。下界與上界的溝通方式，在於『分受』，有分受，有記憶，上界即可與下界交往，因爲『人類的知識，早以靈魂存在的方式，在觀念界中生根，當人們在此塵世間用肉眼觀察外在事物時，內在心靈即憶及以往觀念界曾存在有此等事物，因而對眼前事物亦就有所認識』（柏拉圖語），因此觀念界可使本身的存在，讓感官界分受，而感官界則由此可記憶觀念的眞面目」。上說與「相應」很是相似。

(4)然事固然多變，動則貴乎因時，故易卦各爻，有的因爲相應而得，有的反因爲相應而失，有的因爲無應而吉，亦有因爲無應而凶者，這一切皆時勢所使然，隨一卦大前提而爲轉移，不可執一而加定論。

①陰陽相應，大抵以吉象爲多，如咸卦六爻，初與四、二與五、三與上，皆陰陽相應與，艮少男又下於兌少女而後女德隨，男女情意相感以正，和順而亨通，故娶女如是則吉，卦辭曰：「亨、利貞、取女吉」。

②但陰陽相應亦有不善者，如同人卦所推演者爲至公無私大同之象（大前提），六二雖既中且正，又與在上既中且正的九五相應，然其既處大同之世，則不宜

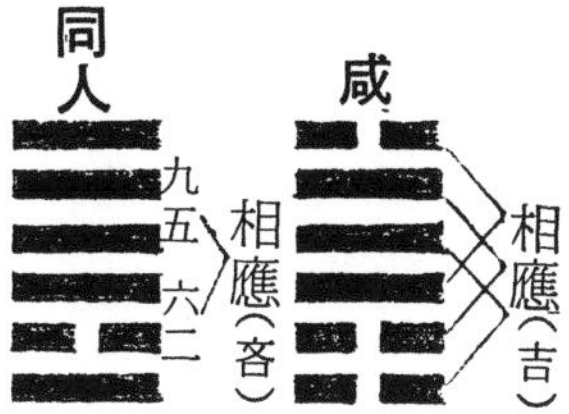

再係戀於私親，有所偏與，致有「吝」狹之嫌，故六二爻辭曰：「同人于宗（私於宗親）、吝（不足）」。相應的九五，亦不以人君視之，而有「先號咷而後笑」的繫辭，因爲元首之於天下，應該一視同仁，不宜私昵於九二、失中正之德，乃至於相隔之始則號咷，其後相遇則又笑，似此僅爲私暱之情，而非大同之體，故於君道無取，僅足以明「二人同心」（繫辭傳文）不可間之義而已。

③至於如比卦九五「以剛中而上下（五陰）應之」，大有六五「柔得尊位，大中而上下（五陽）應之」，小畜六四「柔得位而上下（五剛）應之」（皆象傳文），

則又不以上下卦相對爻的應例而論了。

(5)就全般相應關係而言，二五中爻間的相應，較初四、三上間的相應爲尤重，二五中正相應之善，尤可於家人卦中見之：

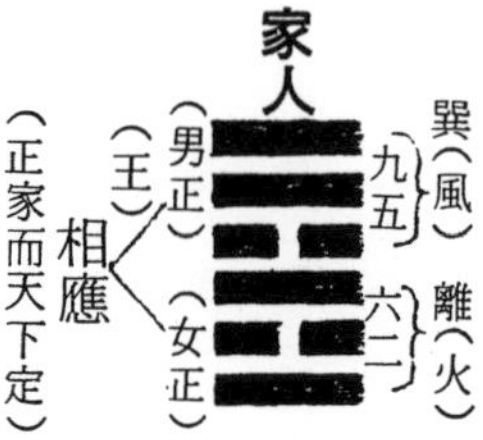

①家人六二爻辭曰：「在中饋、貞吉」，（主婦正位於內（「中」），司「饋」食供祭內事，得其「貞」正而「吉」）。本卦六二陰爻在內（下）卦中位，上應外（上）卦中位的陽剛九五，兩爻皆既中且正，象徵「女（二）正位乎內（下卦），男（五）正位乎外（上卦）」，（彖傳文），故卦名「家人」。

②家人之道，利在主婦貞正，（卦辭所謂「家人、利女貞」），六二中正之陰，具備柔順之德，巽順以爲常，爲婦女的正道，故象主婦居「中」司「饋」食之

事，得其「貞」正而「吉」。

③至於九五「王假有家、勿恤、吉」，則又象陽剛中正的元首，以天下爲家，「有家」猶言有國，王者之君道，誠意正心修身以齊家，家齊則國治而天下平，蓋一家興仁則一國興仁，家有孝慈則國有忠誠，「有家」之道既至，（「假」、至也），則（勿）須憂勞，（「恤」、憂也），而天下自定（象傳所謂「正家而天下定」），「吉」何如之，大學誠正修齊治平之一貫大道，思想源出於此。按本卦外巽風而內離火，火熾則鼓盪生風，風自火出，以象「推一家之道，可以遠及天下」，故象傳曰、「正家而天下定」。

(6)但易卦六（陰）居五、九（陽）居二，每優於九居五、六居二。

①二（大夫）爲臣道，五（天子）爲君道，君道以知人善任爲能，臣道以奉職治事爲能，君（五）臣（二）相與（應），陽強陰弱，臣賢於君（九二應六五），政府有能，可以匡君之不逮，臣不及君（六二應九五），則僅可贊助而不能成大功。

②再者，君以剛健爲體，虛中爲用，六五以陰爻居上中元首五陽尊位似之，臣以柔順爲體，剛中爲用，九二以陽爻居下中二陰大夫下位似之，君能以虛中行其剛健（陰爻居上中陽位），臣能以剛中守其柔順（陽爻居下中陰位），則「上下交而志同」（泰卦象傳文）。

③故六十四卦以九二應六五的十六卦皆吉，但以六二應九五的十六卦則不能皆吉，多處且有戒辭。

泰

例如：

否

甲、否卦六二「包承、小人吉、大人否亨」，爲「小人」「包」容「承」順君子之象，就尸位固寵的「小人」而言，俯仰唯諾，委曲順受，爲其常態，自不失一身之「吉」亨，「大人」君子則否，大人以道自處，安守其「否」，豈肯枉己屈道，雜亂於小人之羣，自失其守，以趨於時，故其身雖「否」而其道則「亨」，故二象曰：「大人否亨、不亂羣也」。

比

乙、比卦六二「比之自內、貞吉」，喻人臣自我（「內」）而正，故得上合君道而進，有其「吉」道。但象傳仍戒以「不自失」，因爲君子當守己待聘而不事奔競，若降志枉道以求行道，失身屈己以求達身，則「自失」其尊嚴，非君子自重之道。

臨

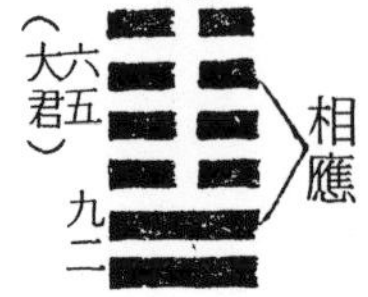

④由上易理，可知君者「因」道而无爲，臣者「爲」道而有爲，君道以辨忠奸、正賞罰、進賢退不肖、「因」人致治爲明，自賢自用爲闇，而所任賢臣，又貴乎才勝於己，故人君宜博而人臣貴精，人君當勞於求賢、而佚於得人，（所謂「君佚臣勞」），此爲「人君南面之術」，雄才英主，以其不自賢不自用，故能得人之用。六五、九二相應之善，易卦隨處可見，尤於臨卦見之更明，臨卦六五爻辭曰：「知臨、大君之宜、吉」，六五（大君）以虛中順德居尊位，下應九二剛中之賢臣，納賢以禮，用建其正，象徵元首「知」人善任，委物以能，而不自用其明，故能垂拱不勞而致天下之郅治，此

爲以「知」而「臨」御天下者，故爲「大君之宜」，其「吉」可知。

2.相比　與「相應」有密切關係者爲「相比」，相比謂相鄰二爻間逐位相比連，以象一類現象相鄰二階段間的連帶關係。

(1)陰陽爻相比，有「承」「乘」「據」三種關係：

①承——陰爻在陽爻之下，承助在上的陽爻，爲陰承陽、或柔承剛，承則順而善。

乘——陰爻在陽爻之上，乘陵在下的陽爻，爲陰乘陽、或柔乘剛，乘則逆而劣。

據——陽爻在陰爻之上爲陽據陰，據則視其得所據或不得所據，而有善、有不善。

②爻義通常陽莫善於據陰，據陰則得其用。如革卦唯有九四一爻失正（不當位），革卦之所以爲革，關鍵在於四爻，四革之正（成陰），動而「改命」（九四爻辭文），則六爻皆正，卦成既濟，陰陽位定而不復動，（參考升降法），是維新其命而吉也，故九五爻辭曰：「大人虎變，（不待言而）未占有孚」，蓋九五據四爻，四變則改革巽（互）命，五在坎中，坎（一陽實中）爲孚信，五以陽剛中正，得「改命」變正後六四之承助，故得身兼創繼、而爲「革」主的「大人」（革卦以九五爲卦主）。「大人」順天應人，易世受命，「有孚（信）」於上下，不言（「未占」）而見信於民，以之革天下以新民，无不時、无不當，可「變」可革之理，昭然「炳」著，如「虎」身文采的彪「炳」，故曰「虎變」

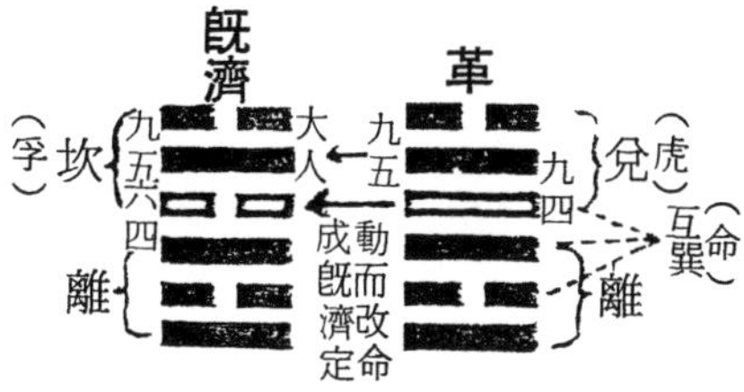

（兌爲虎），五象所謂「其文炳也」。

③陰之義莫大於承陽，（承乘例見下段），比應必一陰一陽，乃相求而相得。至於二陰夾一陽或二陽夾一陰，易辭又常用「包」「含」等字樣以顯其象。

⑵六爻之中，五爲元首，爲全卦中心，故比應之最重者，無過於對五的比應，而二之應五與四之比五，關係亦因此最爲密切。

①但就對五的比應關係而言，二應五常較四比五處有利地位，因五爲元首，四（首揆）近而相承，居惕懼之地，貴乎恭順謹愼，故居四位者，陽剛（九四）每不及陰柔（六四）爲善，二（閣員）遠而相應，則貴乎强毅有爲，以佐元首的不足，故處二位者，陰柔（六二）雖當位而不及陽剛（九二）爲優。

②總之，對五而言，陰柔利近不利遠，陽剛利遠不利近，故六十四卦中：

甲、凡以六四承九五之十六卦，以其具備順從之美，得君而勢順，故皆吉。例如：

㈠比卦六四「外比於賢」（「外比」從在上九五剛明中正之「賢」君）。

㈡觀卦六四「觀國之光、利用賓于王」（朝聘於「國」、「觀」見君明臣賢、國臻郅治、「光」華盛美、思願「賓於」朝廷、效其智勇、上輔於君、施澤天下）。

比　觀

九五
六四

乙、反之，爲九四六五者亦十六卦，則凶者據多，蓋九四以陽剛居首輔而上陵六五柔弱之君，有僭逼之嫌，雖得其君而地居危懼，勢逆不順，能夠倖免凶咎者，惟周公輔成王而已，否則，不爲曹魏之篡魏，卽爲梁冀之族滅，能如張居正（明相）身後藉沒，未及身罹禍，已是大幸，故九四在六五之下時，大多爲凶辭。例如：

（甲）強毅者則如離卦九四之「焚如、死如、棄如」，（凌爍之勢逼上，氣焰「焚」然，終不免自焚其身，若燼而「死」，若灰而「棄」，不容於天下。）

離

六五
九四

（乙）才弱者則如鼎卦九四之「鼎折足、覆公餗」，（不中不正，智小謀大，任重而實不稱，又不知任賢自輔，終至失其所職，覆國亡軀，猶如「鼎折」其「足」，覆「公」上之鼎實（「餗」））。

鼎

③至於以陽（九四）承陽（九五）、以陰（六四）承陰（六五），則皆不得於君。例如隨卦九四「隨有獲、貞凶」，以九四履非其位，擅君之民，勢陵於五，不知使恩威一出於上，失其爲臣之道，已處危疑之地。若其既違義理，於「隨」而更「有」所「獲」，則雖正（「貞」）亦「凶」。又如艮卦六四「艮其身、无咎」，以陰柔之才居大臣之位，不遇陽剛之主，時止而止（艮爲止）、不能止物，惟履得其正，得以獨善「其」「身」，安靜韜晦，括囊勉求「无咎」而已，不能利人濟物，故無取之甚，能獲「无咎」，已是大幸。然以陽居四，不正而有才，以陰居

隨

九五
九四

艮

六五
六四

四，得正而無才，其勢不同，所謂「隨時」之義，於此益明：

甲、有才而不正，貴乎寡欲，故上卦爲乾之九四，多得免咎。如无妄九四「可貞、无咎」，以其止所當止，「貞」固如是，執守以爲常，故得「无咎」。

乙、無才而得正，則貴乎有爲，故上卦爲艮之六四：

(甲)有應則優——如損卦六四「損其疾，使遄有喜」，以其履得正位，而應初九，爲能由正道「損其」不善之「疾」，以從陽剛之善，故「遄」速而「有喜」。

(乙)無應則劣——如蒙卦六四「困蒙，吝」，以陰柔居陰位而蒙闇，無剛明之正應爲之親輔，以致坐「困」於「蒙」昧，可鄙「吝」之至。

丙、獨上卦爲坤之六四，以柔順處之，雖無應援，亦得免咎。如師卦六四「師左次，无咎」，以其順而用柔，雖無應於初，仍象行「師」能量力料敵，自知不能克捷而「左次」退舍，雖無戰功，差可「无」覆敗之「咎」。

(3)二五以外言相應、及四五以外言相比者，其義皆不及應五承五之重。

①就相應而言，四與初或取相應之義，三與上取相應之義則較少，因四爲宰輔，有事君之責，當取在下之賢德自助，故貴與初相應，上居事外，下應當事之三，有失清高之節、三居臣位，越五應上，更有失勿貳之心。

甲、然四之應初，亦惟六四應初九（尤其又上承九五）之時，其義始重，蓋初九

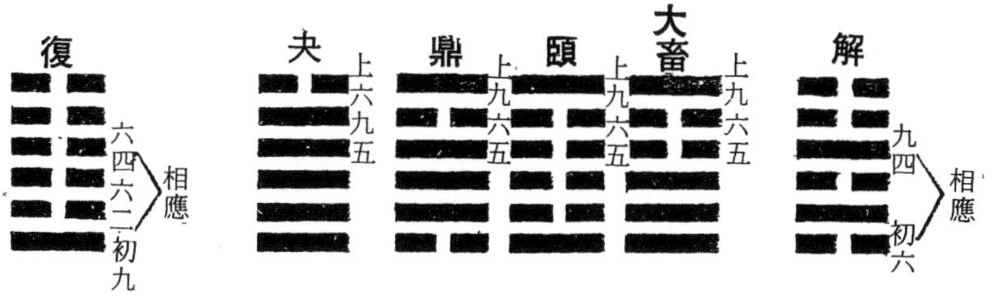

爲在下具有剛德之才俊，六四與之相應，有善下之美，如屯卦六四之「求婚媾」，以其下應初九，猶如大臣虛己下人，故可得陽剛賢才爲之輔佐，上承五君，共濟時之屯艱，故爻辭又曰：「往吉、无不利」。

乙、若九四而應初六，則反以下交小人爲累。如解卦九四「解而拇，朋至斯孚」，以君子當大臣之任而下應初六之小人，必「解」去小人之「拇」，然後君子之「朋」，始「至」而信（「孚」）從，爲之輔佐，共康時艱。

②就相比而言，除四比五外，以五與上取相比之義較多，五居元首尊位，而在上爻之下，有尙賢之美，但亦唯六五（虛中之主）承上九（高世之賢），始取此義。故大畜六五遇上九，象傳贊以「剛上而尙賢」，頤卦、鼎卦六五遇上九，象傳各贊以「聖人養賢以及萬民」與「大亨以養聖賢」，其辭最吉。但以九五比上六，則每以尊寵小人爲累，如夬卦九五雖以陽剛中正而「中行无咎」，然切比上六小人，可決去小人而反心有所親比，溺於私係，決之不勇，中行（以中道而行）之德不彰，故象曰：「中未光」。至於初二、二三、三四之間，如無卦主而相比，或恐陷於朋黨比周之失，其義不重。

(4)以上比應，皆爲常例，若卦主爲五爻以外之它爻時，亦取與卦主間的比應關係，以定得失。例如復卦以初九的「不遠復」（迷失「不遠」而能速「復」於善）

為卦主，視初為「中」、為「仁」、為「道」，二比初，四應初，故六二象曰「以下仁」（親而下比初九「不遠復」之仁），六四曰「中行獨復」，象曰「以從道」，（「中」立不倚，「獨」「行」其是，不苟合於衆陰，惟初九之「道」是「從」，得其所「復」），象傳中的「仁」與「道」，皆指初九而言，二相比而近，故曰「仁」，四相應而遠，故曰「道」，所謂修身以道，修道以仁，此為易之大義，又不以常例拘矣。

3.又易道如電，同性則相違，異性則相感，同性陽遇陽、陰遇陰，則相敵不相為友，陰陽相遇，則異性相感而為友為類。故凡陽之行，遇陰則通而利，遇陽則阻而不利。

(1)例如節卦初九陽（九二）在前，陽遇陽，不宜出而不出，故初九爻辭曰：「不出戶庭、无咎」，（時未可行，不當出而不出，嚴謹其守，節而能止，慎密不失，故可免咎」；九二則陰（六三）在前，陽遇陰，宜出而不出，故九二爻辭曰：「不出門庭、凶」，（有為可行之時，當出而不出，知節而不通其節，是為不正之節，故凶）。

節

六三 九二 初九

(2)惟易道扶陽抑陰，凡陰前遇陽，陰通之處，不但不盡許以吉，且恐其過盛危陽。姤卦初六「繫于金柅、貞吉」，（一陰始生，陰長則陽消，當止之於微弱未盛之時，「繫」而止之，如「金柅」之止車不行，以使柔道牽止不得進，則陽剛「貞」正之道獲「吉」，如任其進盛，則剝害於陽而凶），可為一例。

姤

初六

(3)此說西漢人用之，東漢以來以此旨解經者頗少。

4.周易折中下一段可用以總結比應時位之義：「夫卦者，時也，爻者，適時之變者也，時有否泰，故用有行藏，卦有小大，故辭有險易，一時之制，可反而用也，一時之吉，可反而凶也，故卦以反對，而爻亦皆變，尋名以觀其吉凶，舉時以觀其動靜，則一體之變，由斯見矣。夫應者、同志之象也，位者、爻所處之象也，承乘者、順逆之象也，遠近者、險易之象也，內外者、出處之象也，初上者、始終之象也，故觀變動者存乎應，察安危者存乎位，辨順逆者存乎承乘，明出處者存乎內外，遠近終始，各存其會，辟險尚遠，趣時貴近，比復好先，乾壯惡首，吉凶有時，不可犯也，動靜有適，不可過也，犯時之忌，罪不在大，失其所適，過不在深，觀爻思變，變斯斯盡矣」。

5.升降法——由陰陽相應、及「陽動而進（陽變七之九）、陰動而退（陰變八之六）」（乾鑿度文）的易理，產生升降法。

(1)漢儒荀爽以乾鑿度「陽氣升上、陰氣欲承」之易理爲本，倡「陽升（雲行）陰降（雨施）之說，以爲六爻中凡陽爻皆有升進（往五位）成天文之勢，（如以初升五者，復卦䷗初爻，以二升五者，需䷄師䷆臨䷒解䷧升䷭之二爻，以三升五者，謙䷎明夷䷣之三爻，以四升五者，離䷝小過䷽之四爻），陰爻皆有退降（但不必退降二位、因地道无方）成地文之勢。荀氏升降法，本乎下述觀念而立：

①陰陽爻之動，以互相調和爲利，而須由陰陽升降未然的情狀來觀察，例如乾二不正，則當升居坤五，見據尊位，臨長羣陰，施德於下，故乾二象曰：「德施普」，（大人離潛出隱，德化及物，恩施普遍），除乾二當與坤五互易外，乾四與坤初，乾上與坤三亦當互易，見下第(2)段。

②陰陽爻之動，「上下无常，剛柔相易」，（繫辭傳文），以當位爲正。例如乾上之所以「有悔」（過而亢、宜追悔而改），係因陽升至五位，已是極盛，今乃越居上位，故文言傳謂之爲「知進而不知退」，上爲陰（死）位而陽（生）爻居之，故又稱之爲「知存而不知亡」。乾卦上九之所以爲「有悔」之「亢龍」以此。

③升降特重二五兩爻，因爲陽成位於五，陰成位於二，五在上中爲陽位之最尊，二在下中爲陰位之最尊，此亦卽繫辭傳所謂「易成位乎中」。乾二升坤五爲君、則上卦成坎，坤五降乾二爲臣、則下卦成離，成「旣濟定」（雜卦傳文），亦卽乾卦彖傳所謂「乾道變化，各正性命，保合太和，乃利貞」，（「乾道」以至健運行，使物卒「變」而至於「化」，自然普生萬物，「各」以其類，賦以「性命」，又「保」持陰陽蘊結之「和」氣，養育調遣，以使萬物皆得「利」和而「貞」正）。故坎離者，陰陽之府，此語構成荀學的中心思想。

④然荀氏說易，有以陰陽爻爲升降者，則不拘內外，如離䷝與小過䷽之四升五，有以上下卦爲升降者，則不拘乾坤，如升䷭初與下卦巽卦一體相隨、升居坤上，可爲一例。

(2)初、荀氏着眼於初三五爲陽位，陰爻居之不正，二四上爲陰位，陽爻居之不正，以及上下卦相對爻初四、二五、三上間互相感應之理，以爲：

①乾卦二四上爻不正，坤卦初三五爻不正，乾卦九二應升居坤卦五位（成坎），坤卦六五應降居乾卦二位（成離），兩相交易；乾卦九四應降居坤卦初位，坤卦初六應升居乾卦四位，兩相交易；乾卦上九應降居坤卦三位，坤卦

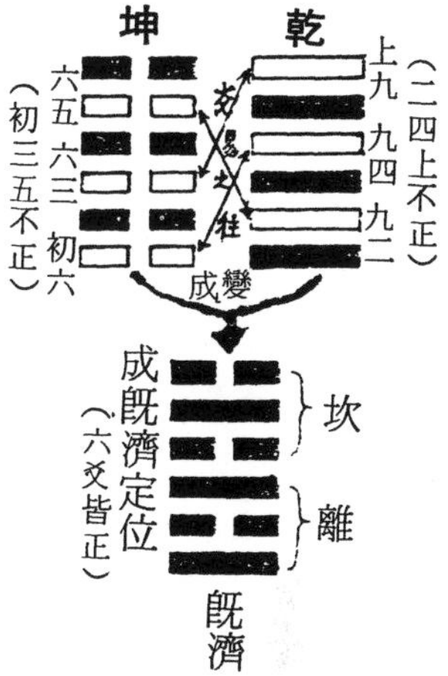

六三應升居乾卦上位，兩相交易。交易結果，乾變坤化，陰陽和均，最後使乾坤二卦均成爲六爻皆正的既濟卦。

②此一過程，要在使易卦的不正爻「之正」（所謂「貞卦」），特名曰「既濟定位」或「成既濟定」。成既濟定的主要意義，在於陰陽消息不能止而不正，如果止而不正，則無以見易道之交易，「易不可見」，則乾坤不交，而「乾坤或幾乎息」絕，（括弧內繫辭傳文），故九六變化成既濟定，爲繫辭傳所謂「易之蘊」，蘊者、奧藏也。

③按文王推爻，陰陽之位，乾變坤化，六十四卦三百八十四爻，各就乾坤六位各正性命之正，所謂「同歸（於一致）而殊塗（途），一致（一出於自然、莫之致而至）而百慮（不必容心其間）（繫辭傳文），但不可謂是變三才，因爲一陰一陽，自成三才，又不可謂是變成陰陽

合體的太極，故假既濟之卦以爲名，既濟是坎離之象，九六是坎離之數，乾變坤化既以坎離爲用，故此種「陽用九以交坤、陰用六以息乾」、變失正爻使其「之正」的作用，特賦予「用九」「用六」之名，乾坤二卦六爻後，列有專項。

(3)荀氏升降法最初僅限乾坤兩卦交易，自後範圍逐漸擴大及於所有旁通卦。

①三國東吳虞翻首先按「旁通」（各爻陰陽相反之二卦）之說，進一步將升降法適用於二十卦，以爲凡一卦居下（上）卦的不正爻皆可升（降）而「之」往（因爲是斜行、故名「之」）陰陽相反旁通（錯）卦上（下）卦的相應爻位，與居於此位的不正爻相交易。又同卦之中，不正的相應爻，亦可互易「之正」，類此過程，亦名「貞卦」，亦有「成既濟定」的作用，蓋此種作用，係就未成象處立言，仍以使卦成既濟爲最終目的。

②清儒焦循（理堂）合荀虞二氏之說兩用之，使所有旁通卦間以二五、初四、三上的次序，使不正爻互相交易，或使自身上下卦不正的相應爻互易，成爲既濟而定位，（既濟卦不易，未濟卦上下互易）。按焦氏的「爻之」有一定的法則：凡二五先行，而後初四、三上相隨而往，謂之「偕行」；二五動而得應，謂之「志孚」；二五動而得中正之位，謂之「偕極」，（極、中也）；二五不動而初四、三上先行，謂之「濟」；二動而五不應，謂之「悖」；五動而二不應，謂之「過」。

③於是爻變亦可在本卦範圍內進行，（如師䷆二不正，二之五，二五交易之正，卦成比䷇，

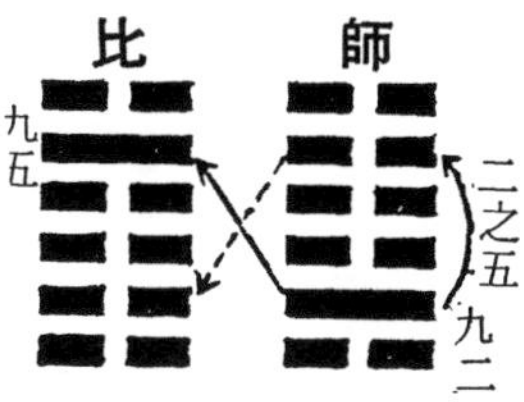

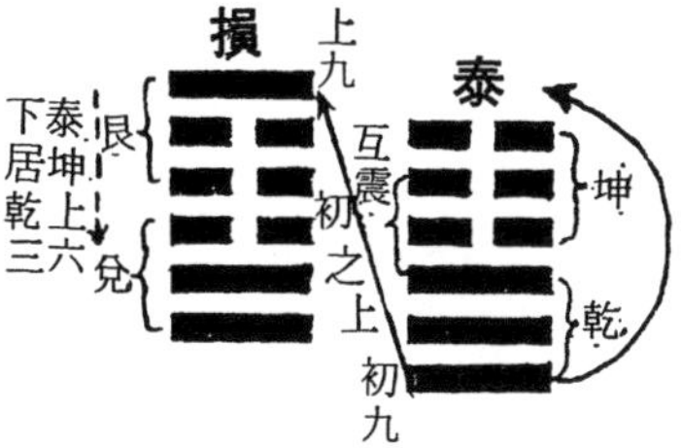

故師卦卦辭曰「師貞」，貞者正也，意謂行師必須師出有名，必須有堂正之戰爭目的），此亦即繫辭傳所謂：「變動不居，周流六虛，上下无常，剛柔相易，不可爲典要，唯變所適」。凡下（內）卦的爻、動往上（外）卦曰「往」，上（外）卦的爻、動入下（內）卦曰「來」，一卦本身二之五、初之四、三之上，可以變出三新卦，例如泰䷊二之五成旣濟䷾，初之四成恒䷟，三（或曰初）之上成損䷨，否䷋二之五成未濟䷿，四（或曰上）之初成益䷩，三之上成咸䷞，旣濟、未濟、咸、恒、損、益六卦，皆由泰否二卦變來，此種變化，尤見之於「否泰反其類」（雜卦傳文）之時，謂泰反成損，損反成益，益反成否，否反成益，益反成損，損反成泰等等。

④易卦以「爻之」取象之處甚多，亦有以初（上）爻「之」往上（初）位，再由上（初）爻來（往）居三（四）位成卦者。以損卦爲例，損卦係泰初之上，上六來居三位而成，泰下卦乾爲人（人象乾陽之德而生），乾三爻爲「三人」，三四五爻互體震，震足爲「行」，「損」泰下乾卦初九（「一人」）以益上（象傳所謂「損下益上」），則成損卦，故損卦六三曰：「三人行則損一人」，意謂天下之事，兩相與則專，三則雜而亂，所餘者（一）當損，損之則可期專以成事。

(4)就荀氏升降法的科學意義而言，天地間一切形質，皆由乾天運行中擴散的動力合於坤地凝聚的靜力而成，彖傳所謂「至哉坤元，萬物資生」，意謂「乾氣至坤，坤凝乾元，萬物資受以生」（荀九家註釋文），可知萬物形質雖生於地，但地之生物，必待天所施之氣至，始能生物，天施地生，爲宇宙間不易的眞理，故乾升坤降能成既濟定位。

(5)按中庸的中心思想，即本於「既濟定位」之說而立，既濟上坎下離，坎陽在五位，陽成位於五天位，五爲上卦中位，離陰在二位，陰成位於二地位，二爲下卦中位，五二兩爻在天地之中，故知坎離爲天地之心，二五相應而和，是爲天地之「中和」。程子曰：「不偏之謂中，不易之謂庸，中者，天下之正道，庸者，天下之定理」，中庸所謂「致中和，天地位焉，萬物育焉」，即是既濟定位之事。

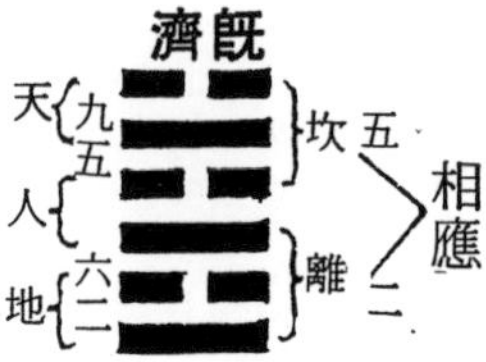

(6)荀氏升降法例——乾卦䷀卦辭「乾、元亨利貞」。

①乾爲天，卦所以名乾者，乾、健也，健爲天體運行的作用，天爲體，乾（健）爲用，作易者教人法天之用，而非法乾之體，故卦名乾而不名天。

②乾初即乾元，爲道本，故曰「元」，元、始也，陽氣初動，始生於初位，故爲元，元之一字，不但兼而包舉亨利貞三德，並可舉全易而一氣貫通。陽息至二，陽居二位不正，當升之坤五，坤五降居乾二，乾坤陰陽氣交，以乾通坤，故曰「亨」，亨、通也，陰陽之氣通，元始者遂

彰顯而亨通。乾六爻、二四上不正，坤六爻、初三五不正，陽息至四時，陽居四位不正，當與坤初升降互易，息至上位，陽居上位不正，當與坤三升降互易，乾變坤化，乾二與坤五，乾四與坤初，乾上與坤三，兩相交易結果，乾坤成兩既濟，六爻皆正，陰陽調和，萬物各得其宜，故曰「利」，利，和也。變而成既濟定位，六爻剛柔位當，故曰「貞」，貞、正也。

③「元」者、動而始也，於時象春，於五行象木，於人爲仁，爲善之長。「亨」者、顯而通也，於時象夏，於五行象火，於人爲禮，爲嘉之會。「利」者、交而和也，於時象秋，於五行象金，於人爲義，爲義之和。「貞」者、成而正也，於時象冬，於五行象水，於人爲智，爲事之幹。元亨利貞順序發展，象徵一至健恒久，終而復始，循環不已的自然過程，爲宇宙造化、生生不息的恒常自然法則。五常不言信者，乾（天行至信、天道貴信）爲信，乾爲天陽中數五，五在中央屬土，信主土，木火金水四氣，非土不載，土居中，分王四季而无位，故不言。

④通俗言之，凡事的發生，必有其始因起源（「元」），有因則必呈顯於事實（「亨」），呈顯於事實，則能與環境相調和（「利」），能相調和則事物得以完成（「貞」）。但「物不可窮」（序卦傳文），事物至於窮極，既成的均衡現象，又告推翻，產生另一不均衡的事物，以待人濟，故周易序卦之法，既濟之後，又繼之以未濟，（繫辭傳所謂「易窮則變、變則通、通則久」），於是終而復始，「貞」下又啓一新「元」，如此循環不息，如天體的健行，繼往開來，永不虧退，雖一息之微、而處處皆有一「元亨利貞」，運轉不窮。君子法此乾健天

道，亦當「進德修業」（文言傳文），莊敬自強，健行不息，故象傳曰：「天行健、君子以自強不息」，乾為天為健，陽出震為行。

⑤要之，宇宙間隨時隨處皆有一「元亨利貞」，一部周易亦不出此四字範圍，六十四卦以乾坤為始者，「元亨」也，以既未濟為終者，「利貞」也，既濟之後、繼之以未濟者，物不可窮也，易道至於既濟定位，似窮而不可窮，「易窮則變、變則通」，故反既濟為未濟，「貞」下復啓一「元」，終而不終矣。

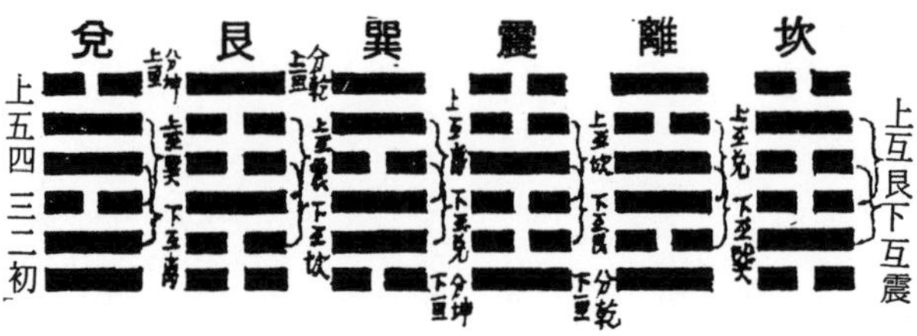

㈤互體、半象、大象

1互體——互體為鄭玄之說，鄭說又出自京房。互體卦並非組成卦所本有，而係由二三四爻、或三四五爻（所謂「中爻」）交「互」錯列所形成的內涵卦「體」。互體象徵某類現象中所內涵的另一種現象，亦象徵一種內涵的潛在能量，足以支持大前提的存在，但有時亦可變更其性質，阻碍其發展，但仍與本有現象息息相關。

(1)互體卦係由一卦六爻中的二三四爻（下互）或三四五爻（上互）所形成。由於此種內潛的卦體，係由上下卦之間的爻交互錯列所合成，故名為「互體卦」。

(2)就八純卦而言，乾坤統乎陰陽而無互體。震巽兌艮分主四時，坎離居中運之，坎卦下互震而上互艮，離卦下互巽而上互兌，震巽分乾坤之下畫而上互坎離，艮兌分乾坤之上畫而下互坎離，此中震（下互艮）艮（上互震）又自相互，巽（下互兌）兌（上互巽）又自相互，構成陰陽老少相交相資的作用，此為中央寄王之義。

⑶再以十二辟卦推之，五陽之辟，以巽兌與乾相合而成，五陰之辟，以震艮與坤相合而成，夬姤

十二辟卦

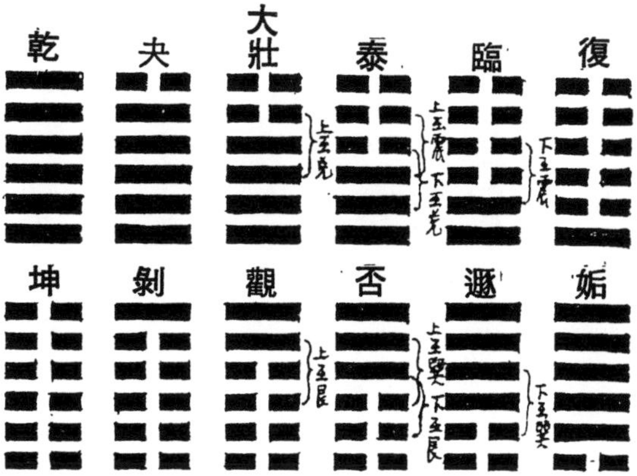

五陽之辟近乎純乾，剝復五陰之辟近乎純坤，故無互體。艮兌之合乾坤，為臨為遯，則下互有震巽，震巽之合乾坤，為大壯為觀，則上互有兌艮。至乾坤合而為泰，則下互兌而上互震，乾坤合而為否，則下互艮而上互巽。坎離於十二辟卦雖不預，但以既未濟自相互。此陰陽消長之迭相為用，為六律（乾六爻）還宮（乾初）之義。

⑷互體之例——師卦卦辭：「師（行師之道）貞（必須動之以正，師出有名，有堂正的戰爭目的），丈人吉，无咎。（並由為衆所尊信之長才所統率，則專制而知自戰，能以中和之道，正天下之不正，故師出有功，吉而无咎）。」

①師卦卦主九二（軍中主將）與六三六四構成互體震卦，震（一索得男）為長子，長丈古文相通，軍中主將，自君視

之爲「長子」，自衆尊之則爲「丈人」，皆爲「長才」之義，卦辭從衆，故以「丈人」稱「長子」。「丈人」意謂莊嚴尊重、智信仁勇嚴五德兼備之長才，亦爲才謀德業爲衆所尊信畏服之大人。九二上應六五之君，象徵將帥受人君全權委任，專制閫外兵事，故卦以統衆行師爲象，而名爲「師」。

②九二以陽爻居陰位，中而不正，當升居相應之五位，與中而不正之六五互易，得中居正則吉无悔咎，故曰「貞」（正也）、曰「吉无咎」。九二升五則成上下象互易，卦成比，比卦以一陽居五君之位，統屬上下羣陰，異於師二以一陽統羣陰而僅居下位，爲元首之象，故比卦象傳曰：「先王以建萬國親諸侯」，此象亂世征伐已終、天下抵定，治世建國，王者「顯」揚其親「比」天下之道（比五爻辭所謂「顯比」），人樂其成，故雜卦傳曰：「比樂師憂」。

⑸其餘互體之例

①下互之例：豫卦六二「介于石，不終日，貞吉」，（君子中正自守，順而不苟從，豫而不違中，以獨特操守，耿「介」如「石」之堅，又能思慮明審，「不」俟「終」竟一「日」，見事幾微，速去其逸豫之弊，故「貞」正而「吉」。）　「介于石」的「石」，取象於二三四爻互體艮象，艮（爲山、

上爻剛實）象山石，六二居下卦中位爲離爻，離（陽剛在外，象甲殼在外）爲貝介之屬，故曰「介于石」。離（陽光外）爲日，二爻在離日中位，日尚未至終極，故曰「不終日」。卦唯六二位中得正，故「貞吉」。

觀

②上互之例：觀卦初六「童觀、小人无咎、君子吝」，（觀見淺闇不明，如童稚之子，於小人則不爲過咎，若君子處大觀之世而所觀見者、亦竟如小人之昏淺，則可鄙吝之至。）——取象三四五爻互體艮，艮（三索得男）爲少男，故曰「童」，下坤（三陰相隨）爲民衆。初六應四，四互艮童，故曰「童觀」，觀謂觀五君，初在下卦坤民之下，遠於五君，以下民觀上，不能近如六四之「觀國之光」（六四爻辭文），故所觀闇淺如童稚。觀爲陰消之卦，陰消至四，小人道長，故「小人无咎」。初六以陰居陽位，陽伏陰下，陽道初窮，故「君子吝」。

履

③上下互兼取之例：履卦六三「眇能視、跛能履」，（志大才弱，自以爲能視能履，而實眇〔目小而視不正〕」「不足以有明」，跛「不足以與行」〔三象文〕）——取象二三四爻下互體目（離卦陽明在外，象目能明察外物），兼取象三四五爻上互巽股（巽卦下開而屈曲象股），故「能視」「能履」。但離目中心不在二五而在三位，爲不正之目，故「能視」而實「眇」。巽股陰爻不在初四而在三位，亦偏而不正，且與下體兌卦毀折（陽息至二、震足象失、二折震足、

故爲毀折）之象相重，股遭毀折，故雖「能履」而實「跛」。

⑹按在東漢以前，說互體者，限中四爻、求上互（三四五爻）下互（二三四爻）而已，及至鄭虞二氏出，始包含初上二爻，以五爻連互（成二卦）或四爻連互（成三卦）說易。

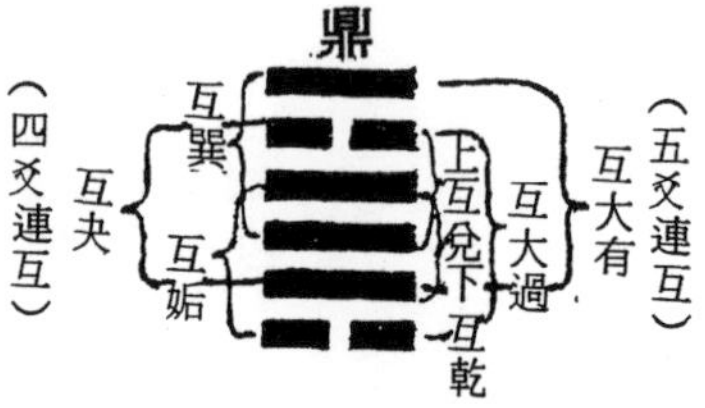

①虞氏互體兼及初上兩爻（亦名約象），一卦初爻至五爻，可視三四五爻（上互卦）爲上卦與下卦形成一爻重疊之六爻互體卦，（如鼎卦初至五互大過䷛）；二爻至上爻，亦可視二三四爻（下互卦）爲下卦，與上卦形成一爻重疊之六爻互體卦，（如鼎卦二至上互大有䷍）。此爲五爻之連互。

②不僅如此，六爻中任何相連之四爻，如初二三與二三四（初至四）、二三四與三四五（二至五）、三四五與四五上（三至上），亦可分別視爲下卦與上卦，交互以二爻重疊成爲三個六爻的互體卦。以鼎卦爲例：初至四互姤䷫，二至五互夬䷪，三至上互睽䷥，此爲四爻之連互。按繫辭傳的「二與四同功」、「三與五同功」，亦指四爻連互而言：下四爻（初至四）連互時，二爻即上象（下互）四爻，三爻即上象（下互）五爻；上四爻（三至上）連互時，四爻即下象（上互）二爻，五爻即下象（上互）三爻。

③連互之例。

甲、革卦象傳「二女同居，其志不相得」，（變革之初，如二女同居，所歸之志各異，故爲

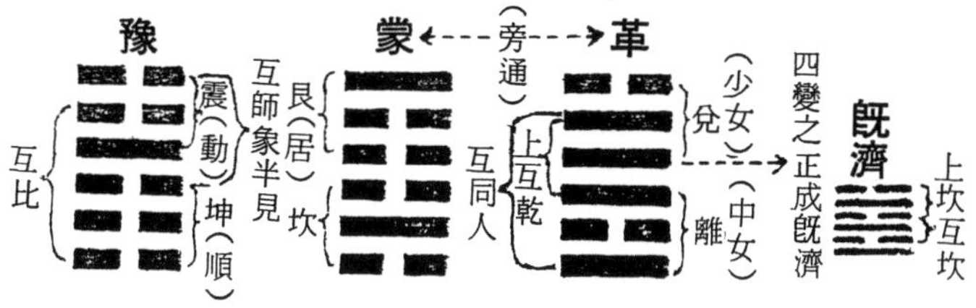

變動之所由興）。——此中之「同」字，取象於初至五互體同人䷌之「同」象。上兌（三索得女）爲少女，下離（再索得女）爲中女，中女少女爲「二女」。革卦旁通（後詳）蒙卦，蒙卦上艮（一陽止外象門闕）爲「居」，故曰「二女同居」。四變之正，成既濟定(䷾)，上卦成坎，下互亦爲坎，有兩坎象，坎（得乾中爻，爲乾之心，心之所之）爲「志」，「二女」所歸之「志」各異，故「不相得」、

乙、豫卦卦辭「利建侯行師」，（順民心而動，可以立君建侯，興師討伐不庭）。——上卦震（雷聲震驚百里，象公侯封國之疆域）爲侯，初至五互體比䷇，比卦象「建萬國親諸侯」（大象文），故曰「利建侯」。三至上（五上二爻坤象半見，三四五爻互坎）互體師䷆象半見，震足爲行，故「利行師」。豫卦下坤爲民爲順，上震爲動，順乎民心而動（象傳所謂「順以動」），爲民心說從之象，故「利」。

2. 半象——半象爲變形之互體，虞氏精於此說。

(1)半象是取三爻卦上兩爻或下兩爻爲象的卦象，故曰「半象」。例如震卦陽在初位，艮卦陽在三位，易氣自下而上，震陽起（始生）而艮陽止（終），其中自然爲離卦，離兼震艮，可視爲震象（下二爻）或艮象（上二爻）半見，

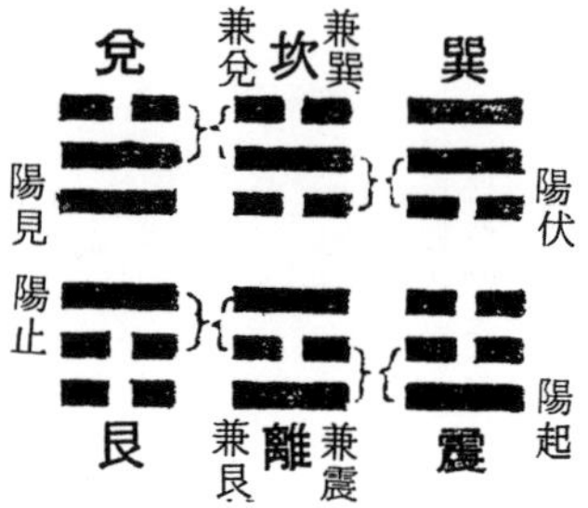

離陰位二爲正，故示以初二三位。同理，巽卦陰在四位，兌卦陰在上位，巽陽伏而兌陽見，其中自然爲坎卦，坎兼巽兌，可視爲巽象（下二爻）或兌象（上二爻）半見，坎陽位五爲正，故示以四五上位。由上可知震（下二爻）艮（上二爻）亦可視爲離象半見，巽（下二爻）兌（上二爻）亦可視爲坎象半見。半象爲尚未完成之象，亦爲正趨變化中尚未完成的勢能作用。

(2)例：小畜卦辭「密雲不雨」，（畜道未成，施尚未行，雲畜積雖密、而未成雨，猶時機尚未成熟，尚在醞釀階段）。——小畜由需卦上六變陽而成，需卦坎水在乾天之上，未降下成雨時，象「雲上于天」（大象文），當下乾升而上，上坎降而下時，則坎雲凝結墜地成雨，今需上六已變成陽，坎水僅得半見，且小畜上巽爲風，坎雲遇巽風則散，不能凝結成雨，互體兌（少女）爲密，故曰「密雲不雨」。但小畜發展至上爻時，畜道至終旣成，上九卽之正成陰爻，上卦成坎，全卦成需，坎水自天上墜地，不雨者雨，時機終於成熟，故小畜上九曰：「旣雨旣處」。

3.大象——凡以三畫以上相似形態所取的卦象或互體，謂之「大象」（明儒來知德始用此名）。如復䷗臨䷒爲大震䷲，觀䷓剝䷖爲大艮䷳，頤䷚中孚䷼爲大離䷝，姤䷫遯䷠

為大巽☴，夬䷪大壯䷡為大兌☱，大過䷛小過䷽為大坎☵，井䷯初至四互大坎☵，損䷨二至上互大離☲，豐䷶二至五互大坎☵。

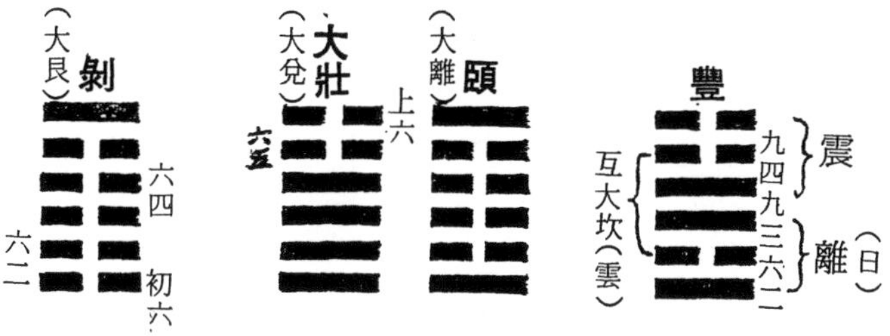

(1)以豐卦互大坎為例。豐下卦離為日，離日為大坎雲象所蔽，故六二、九四皆曰「豐其蔀（障蔽），日中見斗（星）」，（不能成豐，喪其明功，周圍障蔽，乃至日中可見北斗七星，以喻君道〔日〕不明，政歸諸侯），九三曰「豐其沛（禦盛光之幡幔），日中見沬（輔星）」，（明喪至於見輔星，昏暗更甚於見斗），以上爻辭意謂豐盛之世恐其蔽，故時雖盛極，仍須防衰，不使盛極過中，卦辭所謂「宜日中」，即誡以不宜過中，日過中則昃，不可不備。

(2)又如頤象大離，離目所以「觀」，故卦辭曰「觀頤」（觀其所畜養〔頤、養也〕德行之正與不正，及其是否為大學聖賢之道）。大壯象大兌，兌（外柔順內剛狠）象羊，故六五曰：「喪羊于易，无悔」，（以柔順和易中道，捨其剛躁，能使壯盛之氣消于無形，如此則可無悔吝）。上六曰：「羝羊觸藩，不能退，不能遂，无攸利」，（惟知用壯之羝羊，觸掛其角於藩上，退則妨身，進則礙角，進退皆難，以喻陰柔小人，雖極其用壯之心，既不能終極其壯、無摧不縮，又不能勝己以就義，所為如此，无所往而利）。剝象大艮，艮（為堅多心木）象牀，故初六、六二、六四皆曰「剝牀」，（剝蝕其所安處之牀，自下而上，漸及其身，以喻小人消剝君子，浸滅正道，國凶隨之）。

㈥旁通（錯）與飛伏。

1.旁通（錯）——「旁通」之說，傳自虞翻。「旁通」亦名錯，係隨陰陽本質全不相同而轉化成為另一種相對不同現象之謂，故所謂「旁通卦」，卽謂陰陽完全相反的二卦。易辭多處以旁通相錯之卦取象。

(1)虞氏本於「一陰一陽之謂道」之易理，以為陰陽雖相矛盾，而並不單獨存在，實為一體互相求引之兩端，此兩端雖相對而實相通，故說卦傳曰：「天（乾）地（坤）定位，（天尊在上，地卑在下，定位合德，以生六子），山（艮）澤（兌）通氣，（山澤異體，同氣相求而氣通，氣氣通則往來不可分），雷（震）風（巽）相薄，（雷風同聲相應而相搏擊，以鼓動萬物，相搏擊則合而為一），水（坎）火（離）不相射，（水火相克，而實相通，不相射害，二者相資相濟為用，不相射害則凝而為一）」，此八者為一陰一陽相錯之四雙對卦。換言之，有正則必有反，二者同時同處並存，陽中伏陰，（陽有陰根），陰中伏陽（陰有陽根），陽極生陰，陰極生陽，由二者間相輔相成的正反交替作用，才使萬物得以衍生。

(2)易辭多處取旁通卦為象。例如履卦卦辭及六三、九四爻辭皆曰「履虎尾」。履卦的「虎」與「尾」，取象於旁通謙卦的坤象與艮象，謙卦上坤為虎，（陽生

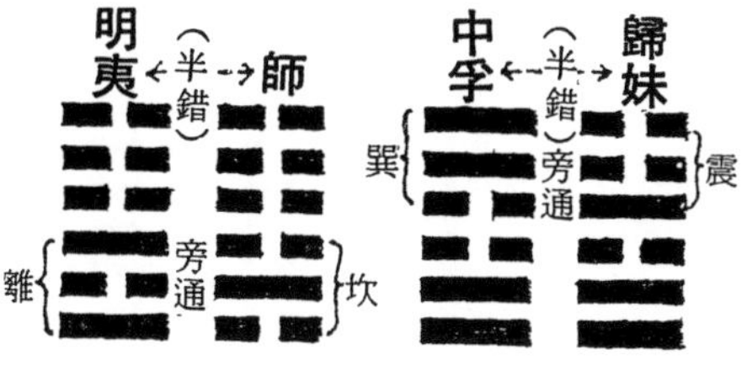

陰殺，坤純陰爲殺，坤地有文，虎爲殺物而有文之獸），下艮爲尾，（艮爲山獸黔喙之屬多長尾），謙卦三四五爻互震足爲行，行以履之，故曰「履虎尾」。意謂以和說（兌象）躡剛健（乾象）之後，而不爲之先，踐履以禮，素位而行之以和，卑遜如此，雖履至危如虎尾之地，亦可不受傷害。故履卦卦辭曰：「履虎尾、不咥人、亨」。

(3)半錯卦——內外兩象中之一象易爲旁通卦，謂之半錯卦，半錯二卦卦象常相貫連。例如歸妹與中孚爲上半錯卦；歸妹四、中孚五皆曰「月幾望」（陰盛而未及於盈滿敵陽，此爲女子處尊貴之道）。師與明夷爲下半錯卦，師四曰「師『左』次」（大軍退舍觀變而不進），明夷二曰「夷于『左』股」，（傷害其行，然不甚切，自拯有術）。

2.飛（見）伏

(1)與旁通相類者爲「飛伏」，飛伏有卦的飛伏，有爻的飛伏。

①就卦而言，凡卦之已顯者爲「飛」，飛所以知現在；未顯者象隱「伏」，伏所以察將來。

②就爻而言，爻爲飛，位爲伏，伏者，爲飛之所託以變動者。如坤初爲飛、則乾初爲伏，而姤復包其中，復初爲見，則姤初爲伏，而乾坤又包其中。

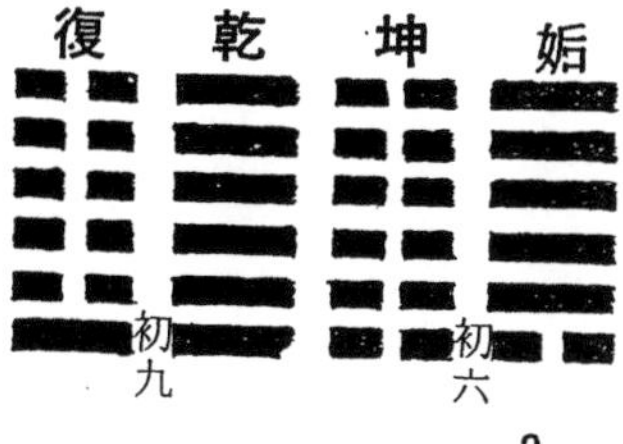

③至其性情之動，則伏與動變，均與可見之爻，互相發明，陰陽動靜，流行不息，無往而不還、隱而不見之理，故爻的性情，皆見之於飛伏動變循環更迭之中，飛之與伏，聲氣相通，或顯或隱，各以類求。由於陰陽互相涵攝，故飛陰則伏陽，飛陽則伏陰，註家或言「伏」，或言「旁通」，言「伏」者據「位」，據已發者言，言「旁通」則據未發言。

(2)按以六爻卦而論，京氏的飛伏限八純卦，八純卦各與其旁通卦爲飛伏，一二三世卦與其內卦爲飛伏，四五世卦與其外卦爲飛伏，游魂卦與四世卦相同，歸魂卦與三世卦相同，但術家所用飛伏則與之不同，而以八純卦爲各宫其他七卦伏神，至于後人言飛伏，則又不限八純卦了。

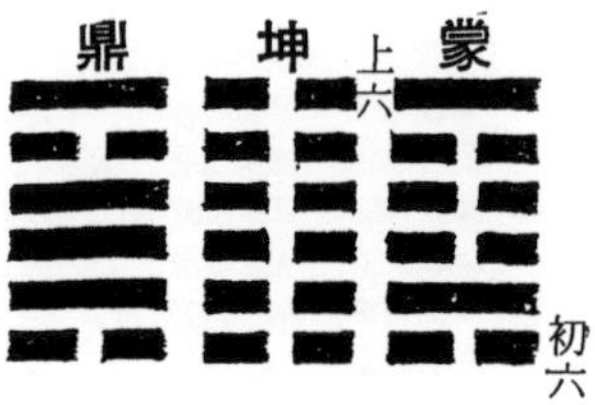

(3)易辭有以飛伏取象者：如蒙卦初六爲陽位，陰下伏陽，「發」初之陽，可使失正爻得正，故初六曰「發蒙」，意謂發去下民的蒙昧，而後可以正法治、行教化。坤卦上六「龍戰于野」，荀爽註曰：「消息之位，坤在於亥，下有伏乾」，所謂「龍戰于野」，意謂陰盛敵陽，相薄交戰，爲兩相傷而衰敗之象。鼎卦象傳「以木巽（入）火，烹飪也」，荀註曰：「震（巽伏震）入離下，中（互）有乾象」。

(七)正反（綜）、對象、覆象。

1.正反（綜）——宇宙間一切事物，無絕對孤立之理，前後、左右、上下、正反，皆互相對待，而在對待中又有其共通之理，正反（綜）與旁通（錯），均依此理而奠立。

(1)易象除可由陰陽相對的不同角度觀察外，也可由正反顛倒的次序推衍。「正反」亦爲虞氏之說，爲本質不變，而將爻位次序上下顛倒，順看而又倒看所衍生的另一種不同而相關的現象。例如革卦顛到則爲鼎卦，序卦以鼎次革，以象「革」故（除舊）須繼之以「鼎」新（佈新），兩者實相關連，序卦傳曰：「革物者莫若鼎，故受之以鼎」；鼎卦以巽木從離火，爲烹飪之象，鼎之爲用，所以革物，生者入鼎可熟，堅者入鼎乃柔，鼎之次革，含有革故鼎新之義，雜卦傳曰：「革、去故也，鼎取新也。」

革　兌　離

鼎　離（火）　巽（木）

(2)周易六十四卦除乾䷀坤䷁坎䷜離䷝頤䷚大過䷛中孚䷼小過䷽八卦純正不反（顛倒仍爲原卦）外，其餘五十六卦均爲一卦正反之兩體，此種現象，顯示一切事物，有正則必有反，有順則必有逆，正反雖異而實爲一體，二者意義相對而相合，正反相合，反覆不衰，方成易理之最高理想「中」道。同理，三爻基本卦正反則成「覆象」，如震（艮）爲覆艮(震)，巽（兌）爲反兌（巽），除乾坤坎離外，皆可有「覆象」。

(3)按周易上下經六十四卦次序，大半以正反相次，相比爲序之卦，非正對（旁通相錯之八純正不反卦）卽反對（其餘五十六卦爲二十八對正反相綜之一體兩面卦），前者不變，反覆仍爲八卦，後者皆變，反覆折半共二十八卦，故正對反對事實上共祇三十六卦，此三十六卦對半分配於上下經，計上經有正對六卦（乾、坤、坎、離、頤、大過），反對十二（對）卦，下經有正對二卦（中孚、小過），反對十六（對）卦，兩篇皆各有十八卦。就實數而言，乾鑿度曰：「孔子曰，陽三陰四，位之正也，故易卦六十四，分而爲上下，象陰陽也。夫陽道純而奇，故上篇三十，所以象陽也，陰道不純而偶，故下篇三十四，所以法陰也。」

(4)正反之例

①損益二卦爲正反（綜），順看而又倒看，益卦六二即損卦六五，故兩爻爻辭皆曰：「或益之，十朋之龜，弗克違」，（人能虛中自損以從賢，則或有益之者，斯理之正，雖龜策之筮不能違），蓋二卦皆互坤，坤地數十（天九地十），益與損相綜，損卦下兌（二陽相與）爲朋，益卦三上互易（損卦二五之正，三上易位）成既濟定，既濟下離（剛在外象介類）爲龜，故曰「十朋之龜」，人謀既洽，龜墨不違，故「弗克違」。

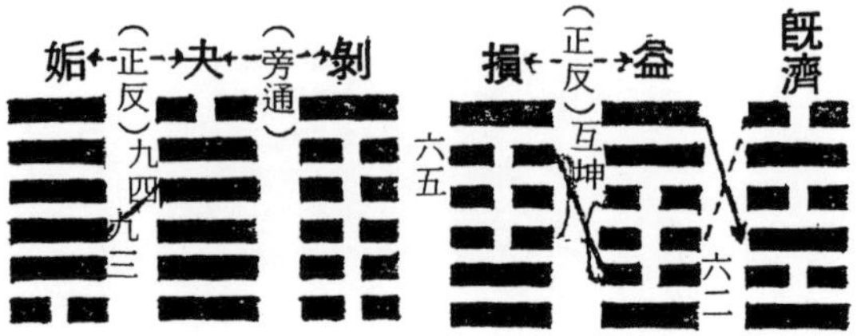

②夬卦與姤卦爲正反，夬四及姤三，兩爻爻辭皆曰「臀无膚，其行次且」（居不獲安，行又次且不前），蓋夬四在上體之下象「臀」，夬錯剝，剝卦上艮爲膚，（陽爲骨，陰爲肉，艮上陽在內二陰之外，象肉外皮膚），剝艮滅夬兌之下，故「无膚」。夬自大壯䷡陽息至五而成，夬上兌折大壯上震之足，故「其行次且」。

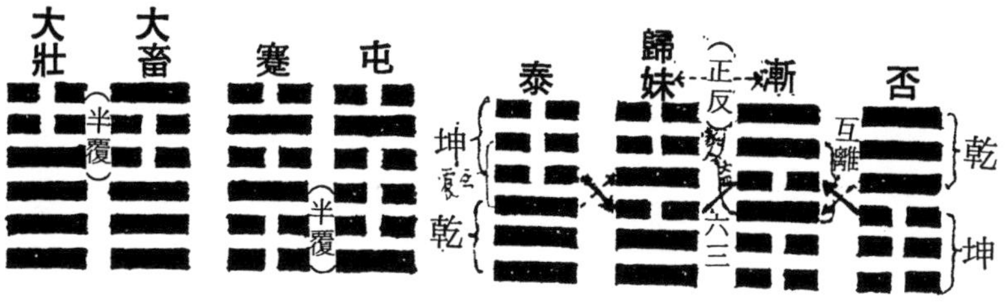

③漸卦與歸妹卦爲正反，二卦皆以「女歸」爲義，然漸卦曰「女歸吉、利貞」，歸妹卦則曰「征凶、无攸利」，蓋漸卦由否卦六三之四位與九四互易而成，否三之四，上乾下坤相交，漸四本否坤三爻，坤爲妻道，女歸之「女」，謂漸四互離中女，漸歸反覆一卦，漸四卽歸妹三，歸妹三下體兌，兌少女爲妹，上震長男爲兄，女從男，說（兌）以動（震），「女歸」之象，故卦名「歸妹」，亦象震兄嫁兌「妹」，女子以外成爲「歸」也。否三之四成漸，陰爻得位承五，進而有成，故「吉」而「利貞」，女子外成，以嫁往夫家爲歸，否三之四，象女歸於外，且三至上互體家人䷤象夫家，故嫁曰于歸。反之，歸妹由泰四之三而成，女歸內爲女子之大歸，大歸謂永歸母家不反，故「凶」而「无攸（所）利」。所謂「征凶」，謂泰卦三四交易，泰三互震（震爲行故爲征），本得正位，今上之四位，動不當位，故震極而「征凶」。

2. 半覆卦——內外二象中的一象易爲覆卦，謂之「半覆卦」，而二卦的象義則仍相關聯。如屯與蹇爲下半之覆卦，屯、「難」也，蹇亦「難」也。大壯與大畜爲上半之覆卦，大壯「利貞」，大畜亦「利貞」；大畜二曰「輿說輹」，（度其宜，見其不可，遇難而止，猶如自行解脫與軸之縛木而不行，動不失宜），大壯四曰「壯于大輿之復」，（輪輹強壯難脫，行健而壯于進）。

3. 對（覆）象——易象中凡正覆二象（含互體及半象）相背或相對者，謂之「對象」。對象西漢人說易多用之，東漢以後則較少使用。

(1) 卦中凡正反兩兌口（兌上開象口）或二震言（震雷有聲象言語）相對或相背者，皆有言語或爭訟之象。例如：

①頤卦下震爲言，上艮爲覆震，正反兩震言相對，故象傳曰：「君子以愼言語節飲食」。

②兌卦上互巽（互反兌）下體兌，初至五正反兩兌口相對，兌又爲朋，有兩朋相對講習而相說之象，故大象曰「君子以朋友講習」，朋友之誼，必相說而成，朋友講習，情愫感通，道義相說，莫盛於此，故論語以學而時習爲說，以有朋自遠方來爲樂。

③訟卦初六之「有言」，以下坎上半卦（二爻三爻）爲兌象半見，下半卦（初爻二爻）爲反兌象半見，兩半見之兌口相背而初六又陰勢微弱，故曰「小有言、終吉」，意謂陰柔弱才，無險健之行，不爲訟先，又在下位，不敢於大訟，雖不能不訟，然有言而小，辯明卽止，「不永所事」（初六爻辭），故「終」可獲「吉」，而無終訟之凶。

(2) 凡易象有迴覆往來者，易辭亦然。例如：

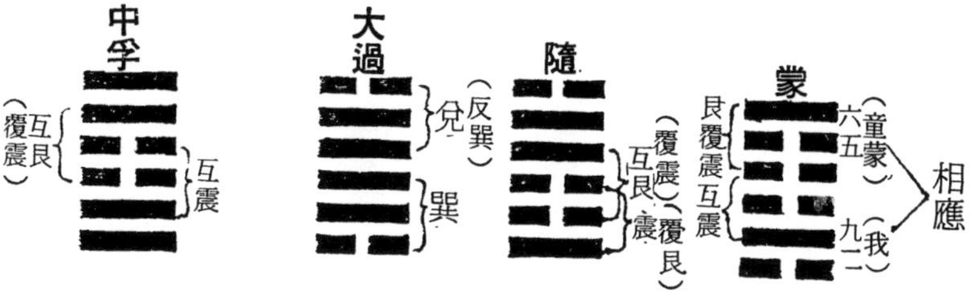

①蒙卦自二至上、下互震而上（艮）覆震，正覆二震言相對，上艮（少男）爲童蒙，艮（與兌山澤通氣、同氣相求）又爲求，二互震，震（主器長子）爲主、爲我，故卦辭曰：「匪我求童蒙，童蒙求我」，（禮有來學，而無往教，闇者求明，明者不諂於闇，所以尊師重道）。下坎爲志，二五以志相應，發蒙當陰求於陽，六五（童蒙）當下求九二（我），故有是象。

②隨卦初至四正反皆爲震（爲長男、爲丈夫）、亦皆爲艮（爲少男、爲小子），四位高爲丈夫，初處卑爲小子，六二近初陽，係初則失四，故曰：「係小子、失丈夫」，六三承九四，係四則失初，故曰：「係丈夫、失小子」。意謂親小人則失君子之交，親君子則小人自遠。

③大過卦正（下卦）反（上卦）皆巽，巽木爲楊，故二五皆曰「楊」。楊爲木之早凋而弱者，九二在下，故曰「枯楊生稊」，（木更生而榮於下，生道發顯之象），九五在上，故曰「枯楊生華」，（木上生華秀，生氣洩竭之象）。

④中孚九二「鳴鶴在陰、其子和之」，（君子至誠感通，其言行至誠且善，故雖在幽遠，爲己類者亦從而應之）。本卦二至五上下互體正覆兩震相對，震爲言、爲鳴、爲（長）子、爲鶴（鳥之鳴聲遠聞者），下震出聲，上（覆）震相和而反，故曰「鳴鶴在陰、其子和之」，覆象而非正象，故曰「在陰」。

(八)**兩象易**（相交）——上（外）下（內）卦交錯易位，則成「兩象易」，或名「相交」，其說傳自虞翻。除乾坤坎離震巽艮兌八純卦兩象易仍不變外，其餘五十六卦均可上下卦易位相交，相交之卦，象雖不同，義相關連。

1.「相交」有二種方式：

(1)逕由上下卦互易如泰䷊否䷋為乾坤兩象易。

(2)由相應之爻互易而成上下卦易位。如師䷆二之五成比䷇，為坤坎兩象易（例見互體節）；噬嗑䷔上之三成豐䷶，為離震兩象易。此種方式以陽爻之動為準，亦從兩象易之例。

2.兩象易之例。

(1)泰否兩象易

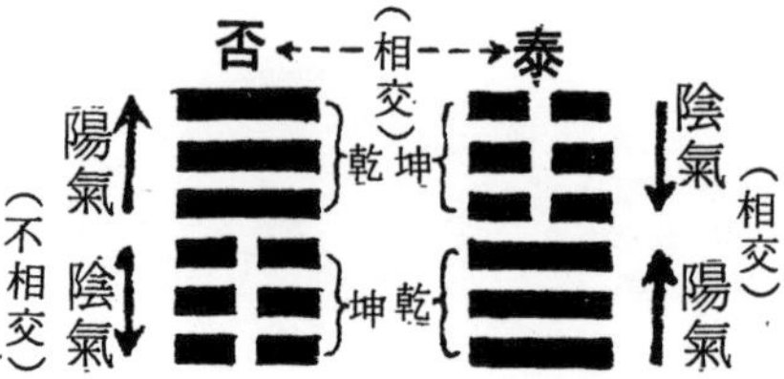

①泰卦坤（為地、為民）在上，乾（為天、為君）在下，似乎於義不順，但就政府（君）與民衆間的關係而論，上坤下乾，象徵民之向心能向上暢達，上之意志能向下貫澈，且地氣下降，天氣上升，坤地在上，乾天在下，二氣動則相交，猶如君民上下之情，交感融洽，正是通「泰」郅治的瑞徵。反之否卦乾在上，坤在下，似乎於義為順，但卦義反有「否」塞之象者，因為天（乾陽）氣在上而復上升，地（坤陰）氣在下而復下降，上下背道而馳，愈動愈相隔閡，不相交通，故陰陽不調，生機不暢，為天道閉塞之

象，以方人事，猶如政府脫離羣衆，不得民心擁戴，故爲昏亂之世。泰卦彖傳曰：「天地交而萬物通，上下交而其志同」，否卦彖傳曰：「天地不交而萬物不通，上下不交而天下无邦」，正爲二卦顯明之對照。

②陽爲大，陰爲小，之內曰來，之外曰往，陽爲君子，陰爲小人，泰卦下乾三陽來內，上坤三陰往外，（泰卦卦辭所謂「小往大來」），象君子在位於內，小人擯斥在外，（泰卦彖傳所謂「內君子而外小人，君子道長，小人道消」），故爲治世。反之，否卦下坤三陰來內，上乾三陽往外，（否卦卦辭所謂「大往小來」），象小人竊位在內，君子避禍在外，（否卦卦辭所謂「否之匪人，不利君子貞」，彖傳所謂「內小人而外君子，小人道長，君子道消，」故成亂世。

③但否泰之間實互爲因果，泰爲治世，治平日久，人情逸豫，浮於驕縱，故泰卦至於上卦六四，則漸入否世，至於上六泰之極，則「城復于隍」（泰上六爻辭，以城壞崩倒，復反於城下溝壑，喻臣民不扶翼其君，君道傾危），反成否亂之世。但否久則人心悔悟，厭亂思治，故否卦至上體九四，則漸入泰世，亂之至極，治在其中，故「否終則傾」（否上象傳文，意謂否道至終，物極則反，陽剛變而得通，傾時之否，復反乎泰），所謂否極泰來，「否泰反其類」（雜卦傳文），正爲天道自然之至理。

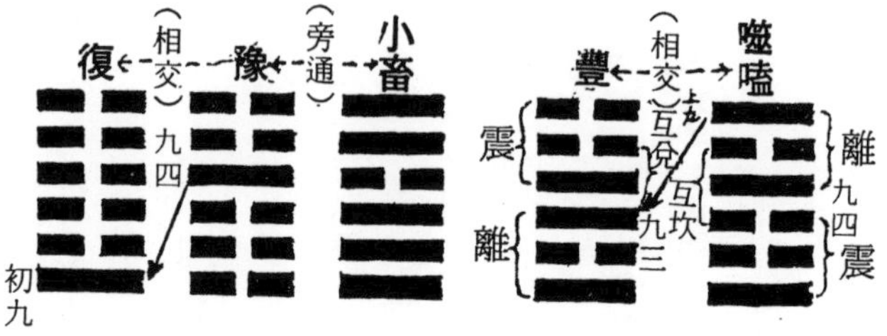

(2)噬嗑上之三成豐

①噬嗑上互坎，坎爲水，水性至平，象律象法，故亦象刑獄，噬嗑上之三、則卦成豐，噬嗑四位不正、而繫于坎獄，上之三，折（豐互兌爲折）四於坎獄之中，審之明，斷之決，故噬嗑卦辭曰「利用獄」（宜制斷以治刑獄），豐卦象傳曰「折獄致刑」（決斷獄訟，刑當其罪）。

②按噬嗑內威斷（震雷象之於內卦）而外明察（離明象之於外卦），象統治者，故大象曰「先王以明（定刑）罰勑（整飭）法（法紀）」；豐卦則以明察（內離）而威斷（外震），象執法者，故大象曰「君子以折獄致刑」。

(3)以小畜卦爲例，小畜錯豫，豫四之初成兩象易的復卦，豫四卽復初，故小畜初九曰「復自道」（回復至自己應守的本分），乾初震爻，震爲道。

(4)按兩象交錯見義，頗多用辭相同者，如履䷉兩象易爲夬䷪，履、「柔履（踐躡）剛也」，夬、「柔乘五剛也」。屯䷂兩象易爲解䷧，屯象曰「雷雨動」，解象曰「雷雨作」。恒䷟兩象易爲益䷩，恒象曰「立不易方」（立身守志、不易方所），益象曰「其益无方」，（化育萬物、其益無有方所）。

(九)納甲法與爻辰法——卦納天干，爻納地支，五六爲天地中數，各內涵陰陽，倍之爲十與十二，故天干數十，地支數十二。

1 納甲法——納甲法傳自京房，以八卦與十干相配爲法則，舉「甲」所以包括十干，故名「納甲」。

(1)京房易傳積算曰：「分天地乾坤之象，益之以甲乙（相得合木居東方）壬癸（相得合水居北北方），震巽之象配艮辛（相得合火居南方），坎離之象配戊己（相得合土居中央），艮兌之象配丙丁（相得合金居西方），八卦分陰陽，六位配五行，光明四通，傚易立節」。上段意謂陽卦（乾震坎艮）納陽干（甲丙戊庚壬），陰卦（坤巽離兌）納陰干（乙丁己辛癸），由於八卦與十干數字不齊，故使乾坤二卦各納雙份，乾納甲（內卦）壬（外卦），坤納乙（內卦）癸（外卦），壬乃陰中之陽，癸乃陽中之陰，目所不見者也。餘則震納庚，巽納辛，坎納戊，離納己，艮納丙，兌納丁。京房用納甲法比附五行、占說災異。

(2)東漢會稽魏伯陽以納甲法比附月魄盈縮之象，闡明丹訣，成其爐鼎修煉之說。魏氏於其參同契一書中曰：

①「三日出爲爽，震庚受西方，（初三之夕，月出西方庚地，始受一陽之光，劃以三分，上二分黑〔陰〕下一分明〔陽〕象震卦），八日兌受丁，上弦平如繩，（初八上弦之夕，月見南方丙丁地，已受二陽之光，上一分黑，下二分明，象兌卦），十五乾體就，盛滿甲東方，（十五日望夕，月出東方甲地，受光已滿，三分皆明，象乾卦），七八（十五日）道已迄，屈折低下降（月盈則食），十六轉受統，巽辛見平明，（十六日旦，月沒西方辛地，已下生一陰，而成巽象），艮直於丙南，下弦二十三，（廿三日下弦旦，月設南方丙地，已生二陰，

納甲圖

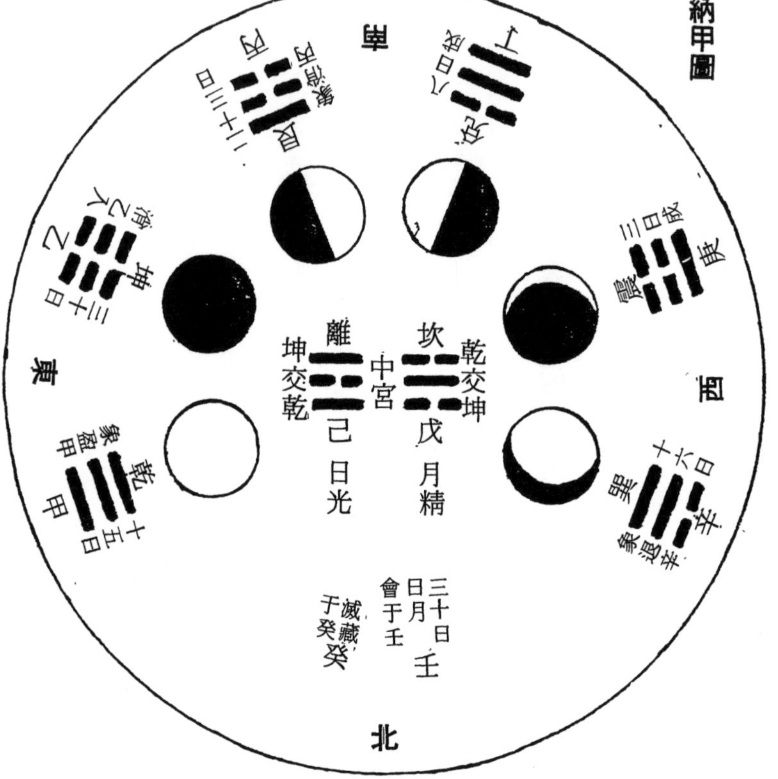

而成艮象），坤乙三十日，東方喪其明，（三十日晦旦，月之三陽俱盡，伏於東方乙地，而成坤象），節盡相禪與，繼體復生龍，（卦節既盡，消者又息，震〔龍〕之一陽，又繼體而復生），壬癸配甲乙，乾坤括始終，（壬癸無月象，以壬配甲屬乾，以癸配乙屬坤，甲乙爲十干之始，壬癸爲十干之終，故乾坤括始終）。」

②要之，乾（十五日望）坤（三十日朔）震（三日）兌（八日）巽（十六日）艮（廿三日）皆可配合月球明暗成分多寡，概略取象，而以月球出沒方位作

為所納天干的位置。坎離二卦則爲日月本體，乾坤二用，二用無爻位，周流六虛（六爻位），往來不定，上下无常，无有定位，故位居中央，使坎納戊，離納己。說卦傳曰：「天地定位，山澤通氣，雷風相薄」，以三陽三陰至一陽一陰爲序，其後乃言「水（坎）火（離）不相射」，可知乾坤以六爻寓消息而以坎離爲用。納甲圖以離坎爲日月，戊己爲中土，晦夕朔旦，坎陽流戊（以陽通陰象坎），日中則離，離象就己，（以陰通陽象離），三十日會於壬，三日出於庚，八日見於丁，十五日盈於甲，十六日退於辛，廿三日消於丙，廿九日窮於乙，滅於癸。

先天圖

(3)按納甲圖本乎先天，用先天之象，而取後天之數。西漢以降，僅有其象，未有其數而已。說卦傳「天（乾）地（坤）定位，山（艮）澤（兌）通氣，雷（震）風（巽）相薄，水（坎）火（離）不相射，八卦相錯」一節，實爲先天圖的寫照，此節之言八卦，皆以兩兩相合言，曰「天地」，曰「山澤」，曰「風雷」，曰「水火」，又曰「八卦相錯」，未可分而畫之，然欲繪畫成圖，既兩卦不能幷爲一卦，乃不得已以乾南坤北分佈其位，而所謂「八卦相錯」，則又非僅謂乾坤、坎離對錯而已。但納甲之義，實盡相錯之用，震東方也，而納

後天二十四方位圖

西之庚，兌西也，而納南之丁，邵雍深悟八卦相錯之理，而得逆數之用，故納甲卦象雖不合先天八卦，先天八卦則確合納甲之象。

(4)京房納甲法傳至三國時，虞翻始用以解釋經文。例如蠱卦卦辭「先甲三日，後甲三日」。

①虞註略以：蠱自泰來，（泰初之上成蠱），內卦本乾，乾納甲，又為三陽爻，陽日陰月，故曰先甲後甲三日。先甲三日者，自甲按天干次序倒數三位為辛，而在乾先，納甲法巽納辛，故下卦成巽；後甲三日者，自甲順數三天干為丁，而在乾後，納甲法兌納丁，四互體兌，兌又錯艮，故上卦成艮。

②按蠱者，物壞而有事也，「甲」者，數之始、事之端，治事者，必須事先思慮於前，究其所以然，事畢檢討於後，慮其將然，「三日」謂慮之深慎，推之深遠，以一干為一日，則「先甲三日」為辛，象前事生弊，須艱「辛」改革，造作自新，「後甲三日」為丁，象後事方始，須「丁」寧囑付，監前之失，革故鼎新。

2.爻辰法——又名納支法或六位法

(1)由納甲法又產生「納支（地支）法」或「六位法」。納支亦為京房所創，所謂「六位」，即在八卦納甲以外，又以乾坤十二爻、納陰陽支辰（地支十二辰），將一卦六爻的每一爻分納陰陽之辰，賦以甲子的名稱，並按支辰屬之以五行，配合方法，以亥子為水，寅卯為木，巳午為火，申酉為金，丑辰未戌為土，故亦名「爻辰法」。八卦亦分配以五行，按後天方位，以乾兌為金，震巽為木，坎為水，離為火，坤艮為土，凡乾在內卦則為甲、而納子寅辰，在外卦則為壬、而納午申戌，凡坤在內卦則為乙、而納未巳卯，在外卦則為癸、而納丑亥酉，由於乾坤各納二干，故別為內外二卦，若震同乾（長子代父），但祇納庚，巽同坤（長女代母），但祇納辛，惟女以外出夫家為歸，故自內出外，由四爻起未而逆行而已。坎（納戊）離（納己）艮（納丙）兌（納丁）則依震巽例推之。此為火珠林法。

①乾主甲子壬午，甲為陽日之始，壬為陽日之終，子為陽辰之始，午為陽辰之終，乾初爻在子，四爻在午，乾主陽，在內之子為始，在外之午為終，陽生於子，故乾內始子。震主庚子庚午，

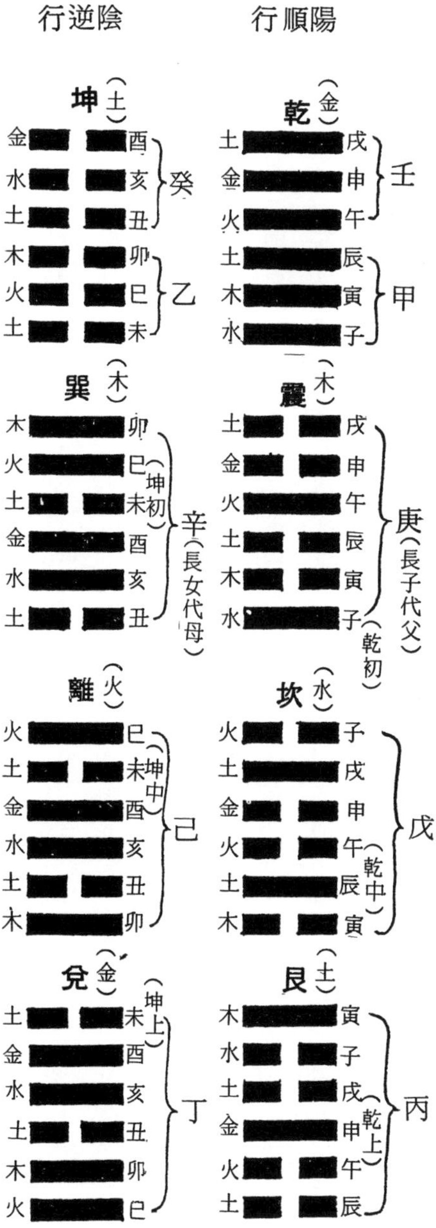

震爲長男，即乾之初九，甲與庚相對，故震主庚，以父授子，故主子午，而與父同。坎主戊寅戊申，坎爲中男，故主於中辰。艮主丙辰丙戌，艮爲少男，乾上爻主辰對丙。

②坤主乙未癸丑，乙爲陰日之始，癸爲陰日之終，丑爲陰辰之始，未爲陰辰之終，坤初爻在未，四爻在丑，故內主未而外主丑，陰生於午，但午爲陽辰，故避陽退一位，而在內爲未。巽主辛丑辛未，巽爲長女，即坤之初六，乙辛相對，故巽主乎辛，坤內主未而巽內主丑，以母授女而女不與母同者，朱子曰：「巽自丑至卯六位，配長男，女從人者也，故其位不起於未」，按支辰有六合之說，子丑合，寅亥合，卯戌合，辰酉合，巳申合，午未合，故巽起丑配震起子。然兌離二卦則並不同例，離主己卯己酉，離爲中女，故亦主中辰。兌主丁巳丁亥，兌爲少女，坤上爻主癸對丁。

⑵爻辰法爲以乾坤二卦十二爻，陽爻就乾位，陰爻就坤位，左右相錯，當十二辰，用以配地支十二辰的法則，故名「爻辰」，爻辰謂納爻於辰。

①爻辰之說，始於京房。乾鑿度曰：「乾、陽也，坤、陰也，並治而交錯行，乾貞於十一月子，左行陽時六（子寅辰午申戌），坤貞於六月未，右行陰時六（未酉亥丑卯巳，始未終巳，按京房以未巳卯丑亥酉爲序，以爲始未終酉），以順成其歲」。又曰：「陽卦以其辰爲貞，丑與左行間辰而治六辰，陰卦與陽卦同位者，退一辰（退午爲未）以爲貞，其爻右行間辰而治六辰」。鄭玄據此以乾六爻左行陽六辰，坤六爻右行陰六辰，清儒惠棟正之，以乾起子，以

坤起未。

②爻辰之說、主陽順陰逆，交錯相合爲用，以乾坤爲綱，六子分乾坤之爻，以次相推，仍以本宮爲體，六爻所納之支，視其本宮生克，以爲遠近親疏利害，乾卦六爻自初爻至上爻配以子寅辰午申戌六陽支，皆順行，坤卦六爻自初爻至上爻配以未巳卯丑亥酉六陰支，皆逆行，並以十二地支納於八卦，乾納子午，坤納丑未，震同乾，巽同坤，坎納寅申，離納卯酉，艮納辰戌，兌納巳亥。爻辰法最初僅用以比附律曆，占說災異，至鄭玄則小變其說，用來釋易辭，鄭氏的乾六爻從京氏之說，但坤六爻則變更次序爲未酉亥丑卯巳。惠氏則又更正次序，以爲坤與乾不同者，男女之別，陰陽之分，女以出爲歸，故三女自內出外起四爻。

(3)鄭氏以月曆爲主，祇用乾坤二卦十二爻相間用事，製作十二月爻辰圖，並按十二月配以樂十二律之名，製作爻辰所值二十八宿。按音出於律，律出於數，數出於陰陽自然，聲之不協陰陽者，不能成音，故鄭氏以乾坤十二爻（十二月）生樂之十二律（陽律陰呂），每一律納五音，宮屬土，商屬金，角屬木，徵屬火，羽屬水，十二律共納六十音，內經五音始於金，傳木傳火傳水傳土，十二律陽律陰呂，隔八相生，例如黃鐘乾初九，下生林鐘坤初六，林鐘而上生太簇乾九二，依此類推。

(4)鄭氏又以乾坤二卦統其餘六十二卦說易，凡陽爻所值之辰相乾，陰爻所值之辰視坤，子起初九左行，即初九子、九二寅、九三辰、九四午、九五申、上九戌，未起初六亦左行，即初六未、

鄭氏爻辰圖（後天）

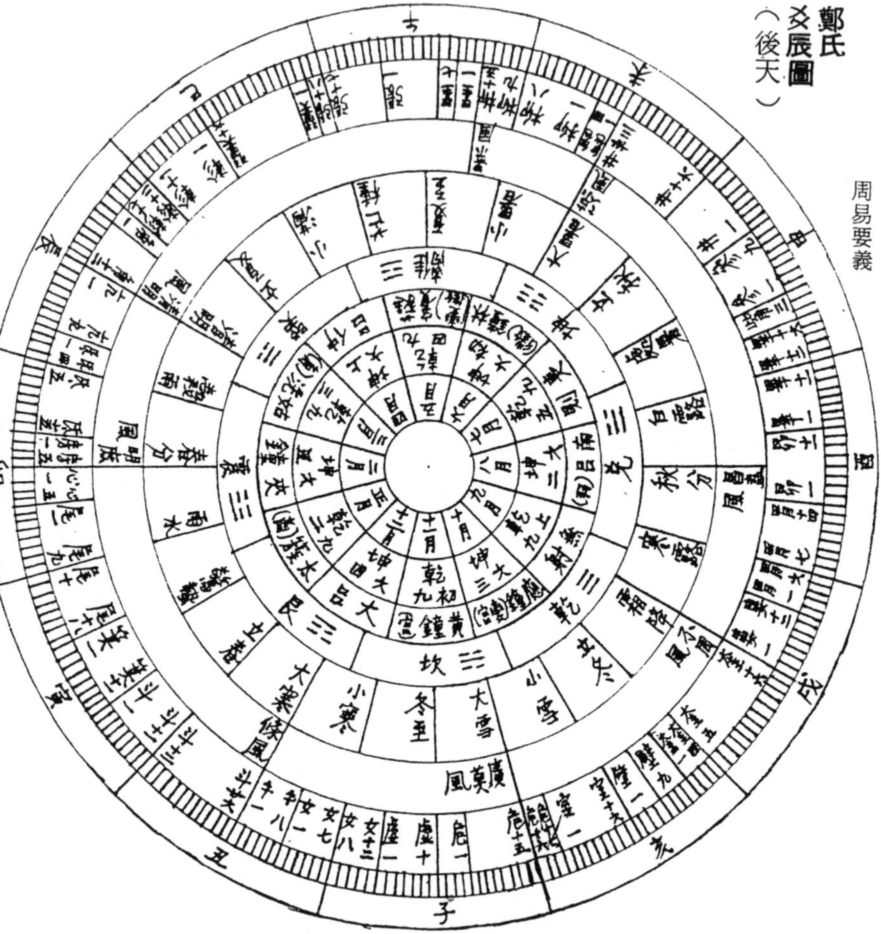

六二酉、六三亥、六四丑、六五卯、上六巳，每一爻辰可解說三十二卦同一爻，（例如有三十二卦爲初九），然合者固多，不合者亦有，故鄭氏用爻辰解易時，必須雜以他說。鄭氏又按震得乾初爻，坎得乾中爻，艮得乾上爻，巽得坤初爻，離得坤中爻，兌得坤上爻的法則，以一爻視作一卦，如乾初九卽爲震卦，故曰「龍」，不問二三兩爻爲九爲六），以一爻爲一卦時，並及此卦位近旁的支辰，支辰上值的星宿，以及星宿的近似物以取象，並展轉相索，濟之以互體之說易。

⑸鄭氏以爻辰解易之例——井卦卦辭「往來井井」。

①井卦由泰初之五而成，初「往」五則上卦成坎，坎水爲「井」，五「來」初則下卦成巽，巽（下陰靜象根株，上二陽動若枝葉）爲木，巽木入於坎水之下，下而復上出其水，（坎水在上），汲井之象，巽由坤初入乾而成，爲坤初六，初六上値井宿，亦爲「井」，故曰「往來井井」。

②「往來井井」意謂井水之用，有恒常不易之德，（井卦卦辭所謂「改邑不改井」），汲之者常往常來，皆得其用，無有窮盡，以喩君子修德養民，有常不變，始終無改，可以養物不窮，兼善天下。

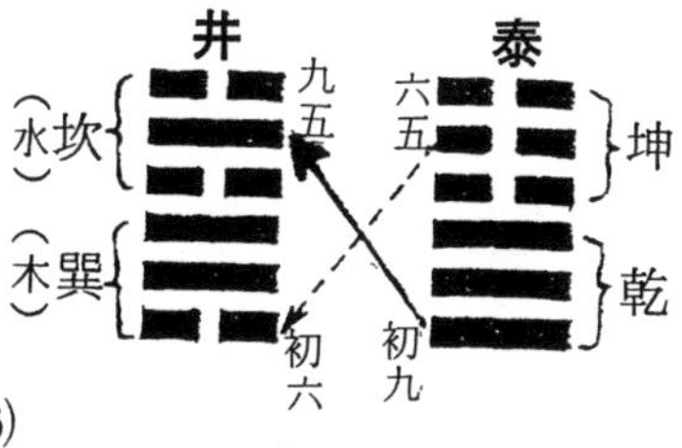

⑹按納甲、納音、與天干地支，皆始於黃帝，蓋自伏羲畫卦，利用宜民，至神農黃帝之世，文明日進，變化益繁，非單純之八卦象數所能濟用，故益之以陰陽五行，天五地六，迎日推曆，布算測地，以盡八卦之用，所謂窮則變、變則通、通則久，納甲取先天，法象乎日月，卽仰以觀於天文，爻辰以先天合後天，取數於陰陽十二消息，以布五行，卽俯以察於地理，京孟之易皆出於此。

㈩納六親

1.由於五行可以在爻象上起作用，於是由五行「生」（金生水、水生木、木生火、火生土、火生金）「克」（水克火、火克金、金克木、木克土、土克水）產生「六親法」。京氏易傳曰：「八卦鬼爲繫爻，財爲制爻，天地爲義爻，福德爲寶爻，同氣爲專爻」，此中的「鬼」，卽術家所謂「官鬼」，「財」卽「妻財」，「義」卽「父母」，「寶」卽「子孫」，「專」卽「兄弟」，再加問占者本身共六位，故名「六親」。其法以八宮本位卦所納的五行爲主，與該宮其他各卦中各爻所納五行論生克關係，乾屬金，主甲子壬午，坤屬土，主乙未癸丑，震屬木，主庚子庚午，巽屬木，主辛丑辛未，坎屬水，主戊寅戊申，離屬火，主己卯己酉，艮屬土，主丙辰丙戌，兌屬金，主丁巳丁亥，各以陰陽順逆而治六辰，從世卦五行論其生克，命其六親。

2.以乾卦爲例：（金）

(1)本位卦爲我——乾宮乾卦上爻，爲土。

(2)我生之爻爲寶爻，於六親爲子孫（福德）——乾卦初爻，爲水。

(3)我克之爻爲制爻，於六親爲妻財（財）——乾卦二爻，爲木。

(4)生我之爻爲義爻，於六親爲父母（天地）——乾卦三爻，爲土。

(5)克我之爻爲繫爻，於六親爲官鬼（鬼）——乾卦四爻，爲火。

(6)相同之爻爲專爻，於六親爲兄弟（同氣）——乾卦五爻，爲金。

肆、結論

一、物生而後有象，象而後有滋，滋而後有數，民物寖多無際，象數於是遞演而遞進，遞進而遞繁，無有止境。故黃帝演易時，伏羲八卦已不足用，乃益之以干支，文王演易時，干支亦不足用，乃益之以象爻，至孔子贊易時，象爻又不足以盡世變物情，乃又益之以十翼。現今距孔子又廿五世紀，世事大通，事物紛芸繁變，更千百倍於往昔，但所用文字，仍不能隨世事並進，切應所需，而況今日所用文字，雖未改數千年前形式，然音義精神已非如舊，故當假借世界通用新詞類，以補文字缺憾。

㈠例如「坤其靜也翕，其動也闢」（繫辭傳文）中「翕」「闢」二字，按照舊解，則翕者，聚也，合也，闢者，開也，但一開一合，字義雖盡，妙用未著，如益之以新名詞、新學說、新思想作解，則「闢」猶如離心力，「翕」猶如向心力，如此解釋易辭，當更可使人易於明瞭二字眞義，蓋物體運動尤其天體運行之所以能循由常軌而不息者，不外此二種力量的作用而已。

㈡又「君臣」二字，古訓但爲「主從」之別，降及漢魏，仍爲普通尊人卑己的謙詞，未嘗專屬朝廷，自宋代以後，始專以「君」爲尊無二上的天子，「臣」爲庶司百職的官屬，於是「君」字遂成爲神聖不可侵犯，而「龍飛九五」則成爲帝王的祥瑞，故對「君臣」二字的新解釋，仍當從古訓作「主從」解，並採納近代民主精神作釋，於經義方爲妥切。

㈢再者，人同此心，心同此理，西方（尤其古希臘）哲理與近代科學，頗多可與易理參證互相發明之處，如能摭取西學精華，引證易理，當可使易道更益彰明。例如坤卦初六「履霜、堅冰至」，如證以辯證法的「質量互變律」（量之漸變終成質之突變），可使其眞義更易明曉，「陽極變陰、陰極變陽」亦不出質量互變之理。

二、昔人講易，不論漢學或宋學，每自將「經學」二字錮蔽胸際，甚至自我埋身故紙堆中，不能自拔，以致不但深閉拒斥新知識新思想，且對經義所未明言、註疏所未闡發者，全數目爲異端，見人有所創見而已所不及者，則動輒譏以「穿鑿附會」，攻之不遺餘力。庶不知易之爲道，形上形下，廣大悉備，孔子贊易，已於大傳中明示「書不盡言、言不盡意」，可知書所未言者，固當求之於意，意有未得者，則當求之於象，而象之未盡者，更當「變而通之以盡利，鼓之舞之以盡神」（繫傳文），尤宜破除門戶積習，與迂拘謬見，務以近代化之眼光觀其象，科學化之條理玩其辭，彰往察來，集思廣益，庶六千年神秘之鑰，可得而開，易道之用，可得不窮。

三、綜合而言，易義雖失傳甚多，其要不外以簡化之原理來說明宇宙及社會發展周而復始的至理，以此易理爲準，中華文化遂得奠其深基。

㈠中華民族自古以來之傳統文化與學術思想，皆出自易理。三大學派中，儒家思想源出周易，道家（法家兵家等又源出道家）思想源出歸藏，墨家（名家源出墨家）思想源出連山。班固曰：「九流十家皆出周官，周官又出易象。」

㈡中華民族六千年來生活方式、生產工具、家庭倫理、政軍大經、祭祀大典、天文曆象、地理堪輿、數學虞衡、樂律書契，乃至醫卜星相、奇門丹道，莫不取則易道而備其雛型。

㈢中華民族的社會習俗與民衆意識情態，除部分受外來宗教尤其佛教的影響外，大半係循易教日積月累所形成。甚至口頭禪如「窮則變、變則通」、「否極泰來」、「剝極必復」、「物極則反」、「貞下啓元」、「錯綜複雜」、「窮凶極惡」等，無不導源於易理，易道在思想上與文化上已支配中華民族六十世紀之久，影響所至，亦徧及遠東各鄰國。

㈣故論者曰：「易之爲書，道準太極，氣分兩儀，理統三才，象備萬物，而消息相因，互爲盈虛，統宇宙以往事迹，及近今情狀，與夫人生禍福得失，皆莫能逃其信律」。

五、試舉下列數例證明我傳統思想源出易理。

㈠我國傳統政治哲理「大學之道」。

1.大學「誠正修齊治平」一貫大道之中心思想，出自家人卦。

(1)家人內（下）離外（上）巽，離爲火，巽爲風，風自火出、火熾則風自火生，爲自內外出之象，自內外出又象徵由身家而及於國家天下，家人大象曰：「風自火出，家人，君子以言有物而行有恒」，象傳曰：「正家而天下定」，此謂君子則法「風自火出」之象，言必符合信實（有物），行必合乎常度（有恒），蓋德業之著於外者，必先謹其言行於內，人能言愼行修，即可由一身而推及國家天下，明明德於天下之道如此。

(2)本卦九五、六二兩爻各正男女之位於外內，明（離）於內而巽順乎外，治家之道，觀本卦卦象，

約可思過其半。按人有其身則能行於家，能行於家則可施於國，以至於天下之郅治，皆在其中，然則治天下之道，不外治家之道推衍廣之而已。「王」者以天下爲家，能恭己正家，則能盡乎「有家」之道，「有家」之道既至（「假」、至也，）則人無不化之，天下既化，則不須憂勞（「恤」）而天下自定，故九五爻辭曰：「王假有家，勿恤吉」。

2.又大學之道「在明明德」，即離䷝象所謂「明兩作」（前後明照，相繼不絕），惟「明兩作」，乃能彰「明」其靈「明」之至「德」，「天下平」，即坎䷜五所謂「祗（抵）既平」，人君惟「中正」之德光大，君道彰顯，乃能濟天下之艱，猶如水（坎象）已抵於盈滿，既安且「平」。此二者相合，坎離正中，由體達用，則水火既濟䷾功成，剛柔正而位當，此即中庸所謂「致中和，天地位，萬物育」，至此則陰陽位正而不復動，亦即大學所謂「知止而後定」，易道備於此矣。

㈡我國自古堯舜以往聖哲相傳十六字心法「人心惟危、道心惟微、惟精惟一、允執厥中」（尚書大禹謨文）。

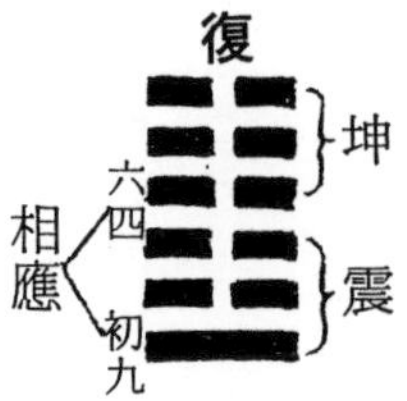

1.此十六字心法與執中思想，見之於復卦。人心之危，爲人欲之萌，道心之微，爲天理之奧，以人心之危，求道心之微，必須自至粗處求精，自至紛處求一，始可擇善固執，由偏倚處求得中道，蓋道心失正，雜於人僞，始有人心之別，如人心能得其正，不雜人僞，則其初本不失爲道心。

2. 按天地之心，在人則道心，道心幾微，難顯易昧，繫辭傳曰：「復小而辨於物」，「復」卦一陽始生，於初細微「小」之時，即能覺迒反省，照見事「物」，「辨」灼得失，速反不善而復於善，故初九曰「不遠復」，「不遠復」謂一陽來復始見之時，即知危求微，惟精以察之，惟一以守之，故微者顯，而道心流行。繫辭傳又以「顏子有不善未嘗不知，知之未嘗復行」爲實例，引證初九「不遠復，无祇悔，元吉」之義，（迷失不遠而能反本，速復於仁，是爲允執厥中者，故可不至於有悔，而獲元善大吉）。此中「有善未嘗不知」即爲「精」，「知之未嘗復行」即爲「一」，復之所以爲復，全在初爻，故孔子以初爻之義當之。

3. 再者，惟精惟一者，所以執中而已，復卦上下二象以二五兩爻居中，易道貴中，故六二則「休復、吉」（柔順中正，見初九復於仁，從而復於禮，爲復之休美者，故吉），六五則「敦復、无悔」，（以中順之德，虛心自檢，敦篤於復善，故無悔吝），復卦除初爻外，惟此二爻具「執中」之美而最善。

4. 六三之所以「頻復、厲」者，（屢失屢復，危厲之道），以其遠於復道，且有陰躁之弊，故頻失而頻復，此爲人心惟危之難安者。

5. 六四之所以「中行獨復」者，（雖在衆中俱行，而其志獨特，憬然自覺，信從於善，而得其所復，）蓋初九雖道心微而不顯，然六四獨能與之陰陽相應，以象卓爾不羣之士，獨能應從惟精惟一之陽剛，復以自知，以從道心之微，此爲能自求於其心者也。

6.至於上六「迷復、凶」，（反乎「不遠復」，迷闇於邪，遠而不知所復，故凶），則因上六以陰柔而處復終，迷而失道，故難免於凶。

㈢故周易爲一部以「天人合一」爲重心的人生哲學，其基本精神在於教人「存天理、滅人欲」，此一精神尤見之於艮卦卦辭「艮其背，不獲其身，行其庭，不見其人，无咎」。道家修養之旨，不出此理。

1.背靜面動，面見背不見，艮爲止、爲背，人能止於靜安不見可欲之處，施止得所，則可不隨身之所欲而妄動。

2.艮自觀來，觀下坤爲身，觀五之三成艮，折下坤之背，坤身之象不見，不有其身，所以忘我。

3.艮三互體震，震爲行，艮爲門闕，三在重艮二門之間，行於庭中之象，三又互體坎，坎一陽（九三）匿藏二陰之中，爲柔所揜，象隱伏，故行其庭，不見其人，不見其人所以忘物，究其然，蓋既已忘我，則欲念止息，雖行於庭除至近之地，亦不相見於物，不相見則不交外物而相忘。

4.九三以陽爻居陽位得正，且外物不接，內欲不萌，物我雙遺，故於所止爲无咎。

五、由易理的啓示，可知中華民族自古卽有一種本乎「中」道的生活準則。此一準則，堯舜謂之「執中」，孔子謂之「中庸」、「中和」，老子稱之曰「沖氣以爲和」，凡此皆中華民族視爲「至善」

的最高理想，而「中」之爲用，則又不外教人「行天道以正人德」，期達「允執厥中」至善之境。周易六十四卦即旨在以「中」爲準則，教人則法天道，俾反「人心」爲「道心」，故易卦六爻三才，尤重人道，因爲人類本身即爲一小宇宙，人之生即天地之生，人以天地爲體，天地以人爲用，人爲天地心，亦爲天地主，天地之氣，因人而通，陰陽之道，因人而和，孔子贊易，立人之道，即以能「合乎天地之心」爲主旨，此之謂「天人合一」。

六、總結言之，中華文化，易爲之原，復興中華文化，松流溯源，當以宏揚易教爲先，蓋非此則文化復興工作易流於捨本逐末。本集之作，即旨在昌明易學，澄清中華文化本源，使周易不但成爲一部人人能讀能解之書，亦爲人人皆能應用之學，作者所以不揣愚昧，自詡爲「老有大志」者以此。

附錄　易卜

易卜方式有二：

一、**占筮法**——用蓍草五十莖爲之。

(一)繫辭傳曰：「天一、地二、地三、地四、天五、地六、天七、地八、天九、地十，（陽氣運行數奇，陰氣運行數偶，陽先而陰後），天數五，（以一三五七九爲序，共二十五），地數五，（以四二十八六爲序，共三十），五位相得而各有合，（天地相配以合，成五行之位，天一生水於北爲天數，

河圖

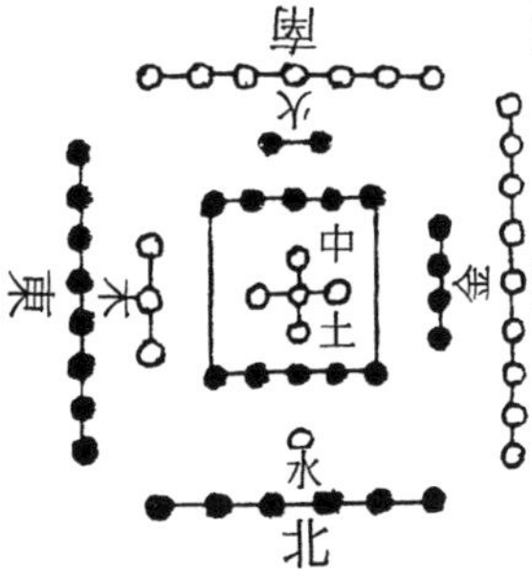

地二生火於南爲地數，天三生木於東爲天數，地四生金於西爲地數，天五生土於中爲天數，五者陰无匹而陽无偶，則未得相成，故又合之，地六成水於北爲天一匹而居下，天七成火於南爲地二偶而居上，地八成木於東爲天三匹而居左，天九成金於西爲地四偶而居右，地十成土於中爲天五匹而居中，四方依次而相得），天數二十五，地數三十，天地之數五十有五，此所以成變（陽）化（陰）而行鬼神也，（陽息陰消，造化運行之迹）」。易之言數，以此爲本。

(二)就河圖四方之位數、及八卦方位之數而言：

1.一二三四爲四象之數，六七八九爲四象之位，數記其始生之「時」，位定其旣生之「位」，故易用六七八九而不用一二三四，卦用七八，爻用九六，皆爲成數，七八爲數之正，九六爲數之變，合七八九六則可盡陰陽錯綜之妙。

2.傳說伏義自河圖獲「陽奇陰偶」與「大衍之數」的啓示而作八卦，因七五一畫乾，六十二畫坤，八三十畫坎，九四五畫離，一三二畫兌，二四一畫艮，九六八畫震，八七九畫巽。

3.古人以九爲數之究，十爲數之終，奇（陽）數一三五七九，共二十五，陽（天）數極於九，偶（陰）數四二十八六，共三十，陰（地）數極於六，在天地總數五十五中，有「五」數位置於天地之中爲陰陽之共體，無乎不在，應視爲虛數，且「五」在中央爲「生數」，六七八九爲一二三四合「五」而生之「成數」，生數不計，故在五十五中須減去五，成爲五十，以作爲推演天地成數的「大衍（同演）之數」。一說以爲大衍之數係由河圖中宮天五乘地十所得之數。

4.但此「大衍之數五十」又以一居中象萬用之體「太極」，太極不能用作變化的工具，（乾初所謂「勿用一」），故當虛一不用，而以四十九作爲推演的實數。

(三)或以爲大衍之數出於自然，不必有河圖爲準。

1.天數備於五，地數極於六，故數至「七」而更，亦至「七」而復，三反四復，三陽四陰，（六爻反復，中爻三四兩爻爲人位），合之亦「七」，「七」之數兼陰陽之義，備剛柔之德，天圓（徑

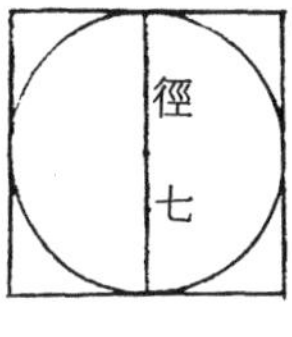

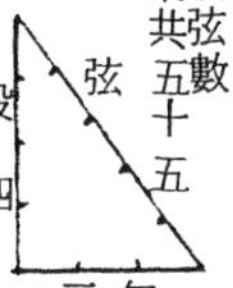

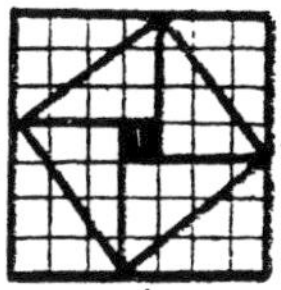

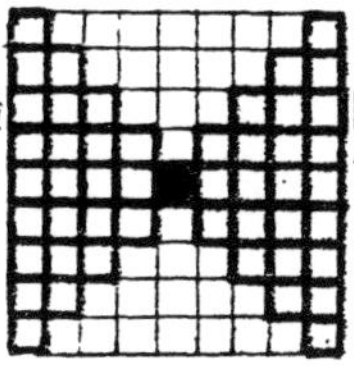

七則圓周二十二）地方（徑七則方周二十八）非「七」不足以盡之，（圓方二周共大衍五十之數），三才合體之數，（以勾三股四爲率得斜弦整數五，自乘數相合亦大衍五十之數），非「七」不足以度之，圓方周徑之合數，勾股弦冪之積數，皆大衍之數五十，亦卽數之體，因而開方，則不盡者「一」數，止四十九可用，此爲大衍之用，故大衍之數五十，其用四十有九，蓍策必虛其一，然此亦惟「七」足以盡之。

2.又其用四十有九，實出於數之自然，一說以爲祇需四十九而不必有五十之數，更無所謂「虛一」，故孔子未嘗言「虛一」，後人之所以擅解「其一不用」者，由不自數理着眼，以致尋此「一」而不得下落，乃有臆測之辭。至於其用四十九，尚須「掛一」者：

(1)以七爲單位之正方形中，含八組勾（三）股（四），所不盡者爲一數（中央小方），故以三四爲率，則此方形共含四十九小方，其所不盡者爲中央之小方，此爲蓍策所應掛之一策。

(2)大衍之數五十，係由陰陽各半組成，其半數二十五乃一三五七九之總和，今以兩個一三五七九相對，則二者中之「一」，必定相重，合之祇有四十九，此四十九中，陰陽又各得二十四，相重之「一」，則陰陽各半，故「分二」

以後必須「掛一」，所掛之「一」，即此相重之「一」，「掛一」之後，陰陽之數，乃能各得其半。

㈣繫辭傳有下述一段文字，爲古來占筮法的主要依據：

1. 大衍之數（用以廣合推演天地所用之數）五十，其用四十有九，（占卜時以右手自五十莖蓍草中取除一莖，實際用四十九莖，以象兩儀體具而未分。此爲第一撮）。
2. 分而爲二（任意分爲左右兩堆）以象兩，（象「太極生兩儀」，左堆象天〔陽〕，右堆象地〔陰〕，此爲第二撮）。
3. 掛一以象三，（右手自左堆天數中取出一莖，掛於左手小指間，以象天施地生，有天地然後人生其間，配天地兩儀成三才。此爲第三撮）。
4. 揲之以四（用右手將左堆四四間而數之，再用左手將右堆四四間而數之，左右手交揲，以象陰陽往來，天地交泰，四時序，歲功成），以象四時（象「兩儀生四象」）。
5. 歸奇於扐（左右四揲必有餘數〔扐〕，不一則二，不三則四，將此既揲之餘，歸入以所掛之一策〔奇〕，以象陰陽往來成歲，歲之成，成於天，此爲第四〔左〕第五〔右〕撮）以象閏，（每三年有一閏，閏月由積月之餘日所成，取奇歸扐而成數，所以法象天道歸殘聚餘，分而成閏，以閏月復定四時成歲，筮法則以揲象四時，以扐象歲，以歸奇象閏）。
6. 五歲再閏，（閏月前後相去三十二月，在五歲中再積日而再成月，凡有再閏，曆法再閏之後，又從積分別起，筮法則再扐之後，又從掛一而起，一變之間凡一掛二揲二扐，合爲五者，以爲五歲之象），故再扐而後掛，（象閏者以四揲左手之策，歸其餘策於右手，又以四揲右手之策，歸其餘策於左手，以象再閏，凡有左天右地二扐以象閏，是五歲之中有再閏，二者幷合則象日之餘，占者自四十九策中取去左右餘策〔扐〕及所掛之一策〔奇〕，得一餘數，完成第一變，再依法續行第二變第三變，取出二三兩次掛扐餘策，則可得七八九六之四倍餘數，藉以定初爻陰陽之性，此卽繫辭傳所謂「參伍之變」，意謂三其五而後得七八九六之數以成一爻，如此經九變則可布設下卦，所謂「四象生八卦」）。

7.乾之策二百一十有六，（三變後餘三十六則爲老陽，六爻六倍之則爲二百十六策），坤之策百四十有四，（三變後餘數二十四則爲老陰，六爻六倍之則爲一百四十四策），凡三百六十，（二百十六與一百四十四之和），當期之日，（乾坤二卦十二爻卽十二辟卦，司二十四節氣，爲期一年，概數三百六十日），二篇之策萬有一千五百二十，（六十四卦陰陽爻各一百九十二，乾策一百九十二乘三十六，共六千九百十二，坤策一百九十二乘二十四，共四千六百零八，二者總和爲一萬一千五百二十），當萬物之數，（一萬一千五百二十策各類一物，可以類萬物之情）。

8.是故四營而成易，（成一變須經「分二」「掛一」「揲四」「歸奇」四度經營，易、變也），十有八變而成卦，（三變得一爻，六爻之卦需經三六十八變），八卦而小成，（九變則小成而得內卦三爻，小成謂尚不足以畢天下之能事）。

9.引而伸之，（引長八卦，伸盡至於外卦，成六爻之全備卦），觸類而長之，（觸逢剛柔事類而增長之），天下之能事畢矣，（畢定其避凶趨吉之理，則天下萬物現象，乃至顯道、神德行、酬酢祐聖所能之萬事，其法象皆盡在其中）。」

(五)根據以上法則，朱子易本義定一占筮之法，名曰筮儀（原文略），其通俗化之步驟如下：（按著草爲草之多壽者，可先知吉凶）。

1.第一變

(1)準備五十根（策）著草，取去一根，（大衍之數五十，其用四十有九」）。

(2)將此四十九根著草，任意分成左右兩堆，（「分而爲二以象兩」），此爲第一營。

(3)自左堆中取出一根置於中央，（「掛一以象三」），此爲第二營。此時左右二堆共四十八根，爲四的整倍數。

(4)然後將此左右兩堆，先左後右，四四數之，（「揲之以四、以象四時」），事實上將左右之數，各除以四），數至不能再數時，左右各得出一餘數，其分佈或左一右三，或左三右一，或左二右二，（二者之和爲四），若二堆皆爲四的整倍數，亦即可用四除盡時，則視爲左右餘數皆四，（不能視餘數爲零，否則意義全失），亦即將左右餘數之和視爲八。總之，全部總餘數非四即八，爲四之機會爲四分之三（左一右三、左三右一、左二右二）爲八之機會爲四分之一（左四右四），此爲第三營。

(5)將第二營所取出之一根（奇）歸入第三營所餘（扐）之四根或八根中（「歸奇於扐」）合併成爲五根（所謂「少」）或九根（所謂「多」），一幷自全部四十九根中取除，完成分二、掛一、揲四、歸奇於扐的全般過程，此時全部蓍草數剩爲四十四根（四十九中減除五）或四十根（四十九中減除九），（「歸奇於扐以象閏，五歲（掛一、二揲、二扐共爲五）再閏，故再扐而後掛」），此爲第四營。

(6)以上爲第一變，每變皆歷四度經營而完成，（所謂「四營而成易」，易，變也）。

2.第二變——程序同第一變。

(1)將第一變所餘四十四根或四十根蓍草，任意分成左右兩堆。（第一營）。

(2)自左堆中取出一根，此時二堆總數爲四十三（四十四中減除一）或三十九（四十中減除一），二數除以四時皆得餘數三或七（一堆爲四之整倍數）。（第二營）。

(3)將左右兩堆四四數之（除以四），兩堆餘數可能爲左一右二、左二右一、左三右四、（右堆爲四之整倍數，視餘數爲四）、或左四右三（左堆爲四之整倍數），兩堆總餘數得三之可能性（左一右二、左二右一）與得七之可能性（左三右四、左四右三）皆爲二分之一。（第三營）。

(4)將第二營所取出之一根（奇），歸入於第三營餘數（扐）三根或七根中，合併爲四根（所謂「少」）或八根（所謂「多」），一幷自第二變開始時所餘的四十四根或四十根中減除，此時全部蓍草數剩爲四十（四十四減四）、三十六（四十四減八或四十減四）、或三十二（四十減八）。

（第四營）。

3.第三變

(1)第三變之四營步驟，及左右二堆可能餘數與第二變完全相同，所應減除者亦非四即八，自四十、三十六、三十二中減除四或八後，最後剩數爲三十六（四十減四）、三十二（四十減八、或三十六減四）、二十八（三十六減八或三十二減四）、或二十四（三十二減八）。

(2)將三十六、三十二、二十八、二十四各除以四，得九（老陽、以0爲符號，正卦陽、變卦陰）、八（少陰）、七（少陽）、六（老陰、以X爲符號，正卦陰、變卦陽），經此三變乃得出初爻。

4.按占筮法所減除之蓍草數第一變非五（少）則九（多），第二三兩變非四（少）則八（多），得老陽九時三次所減除之數各爲五、四、四、（三少），共減除十三根；得老陰六時三次所減除之數各爲九、八、八（三多），共減除二十五根；得少陽七時三次所減除之數各爲五、八、八，或九、八、四，或九、四、八，（二多一少），共減除二十一根；得少陰八時三次所減除之數各爲五、八、四，或五、四、八，或九、四、四、（二少一多），共減除十七根。由上可計算得陽爻與得陰爻之或然率各爲二分之一：

1. 三次變化中所取除餘爻的可能性：

$$\text{第一變}\begin{cases}5\\5\\5\\9\end{cases}\quad\text{第二變}\begin{cases}4\\4\\8\\8\end{cases}\quad\text{第三變}\begin{cases}4\\4\\8\\8\end{cases}$$

5，4——少
9，8——多

2. 得老陽的或然率

三次共取除 $5+4+4=13$（三少）

最後剩餘 $49-13=36$ $\quad 36\div 4=$⑨

得老陽機會 $\frac{3}{4}\times\frac{2}{4}\times\frac{2}{4}=\underline{\frac{12}{64}}$

(五) (四) (四)

3. 得老陰的或然率

三次共取除 $9+8+8=25$（三多）

最後剩餘 $49-25=24$ $\quad 24\div 4=$⑥

得老陰機會 $\frac{1}{4}\times\frac{2}{4}\times\frac{2}{4}=\underline{\frac{4}{64}}$

(九) (八) (八)

4. 得少陽的或然率

三次共取除（三者任一）$\left\{\begin{matrix}5+8+8\\9+8+4\\9+4+8\end{matrix}\right\}=21$（二多一少）

最後剩餘 $49-21=28$ $\quad 28\div 4=$⑦

得少陽機會 $\left(\frac{3}{4}\times\frac{2}{4}\times\frac{2}{4}\right)+\left(\frac{1}{4}\times\frac{2}{4}\times\frac{2}{4}\right)+\left(\frac{1}{4}\times\frac{2}{4}\times\frac{2}{4}\right)=\underline{\frac{20}{64}}$

(五) (八) (八)　(九) (八) (四)　(九) (四) (八)

5. 得少陰之或然率

三次共取除（三者任一）$\left\{\begin{matrix}5+8+4\\5+4+8\\9+4+4\end{matrix}\right\}=17$（二少一多）

最後剩餘 $49-17=32$ $\quad 32\div 4=$⑧

得少陰機會 $\left(\frac{3}{4}\times\frac{2}{4}\times\frac{2}{4}\right)+\left(\frac{3}{4}\times\frac{2}{4}\times\frac{2}{4}\right)+\left(\frac{1}{4}\times\frac{2}{4}\times\frac{2}{4}\right)=\underline{\frac{28}{64}}$

(五) (八) (四)　(五) (四) (八)　(九) (四) (四)

6. 得陽爻或然率 $\frac{12}{64}+\frac{20}{64}=\frac{32}{64}=\frac{1}{2}$

(老陽) (少陽)

得陰爻或然率 $\frac{4}{64}+\frac{28}{64}=\frac{32}{64}=\frac{1}{2}$

(老陰) (少陰)

㈥經上三變後，卽可得出初爻，九變則得出下卦（所謂「八卦而小成」），共經十八變，六爻之全卦乃具。

1.如所得六爻全爲少陰（靜爻八）少陽（靜爻七）時，卽無變爻，故無變卦，一卦全無變爻時，則以本卦卦辭占，而以內（下）卦爲貞，外（上）卦爲悔。如孔成子筮立衞公子元，遇屯䷂，曰、「利建（立）侯」；秦伯伐晉，筮之，遇蠱䷑，曰：「貞、風（巽）也，其悔山（艮）也，（風、秦象，山、晉象），歲云秋矣，我落其實，而取其材，所以克也，（山有木，秋風吹落山木果實，則材爲人取），實落材亡，不敗何待」。

2.如所得之爻有老陰（動爻六）老陽（動爻九）時，由於陰極變陽，陽極變陰，爻變結果，除正卦外，又產生變卦。

(1)例如所得六爻爲⚌×☷時，正卦爲觀䷓變卦爲否䷋（第四爻變），總稱「遇觀之否」，以遇（靜）卦爲貞，之（動）卦爲悔，變（之）卦可視爲可能有的趨勢，此時變爻之義，所取甚重。

(2)按莊二十二年，陳厲公生敬仲，周史有以周易見陳侯者，陳侯使筮之，遇觀之否，曰、是謂「觀國之光，利用賓于王」，（觀卦六四爻辭，四爲變爻，故以爲占，意謂觀見他（齊）國人君之德，國家之治，光華盛美，乃往賓事於王庭，效其智力，上輔於君，以施澤天下），此其代陳有國乎，不在此，其在異國，非此其身，在其子孫，光遠而自他有耀者也，坤、土也，巽、

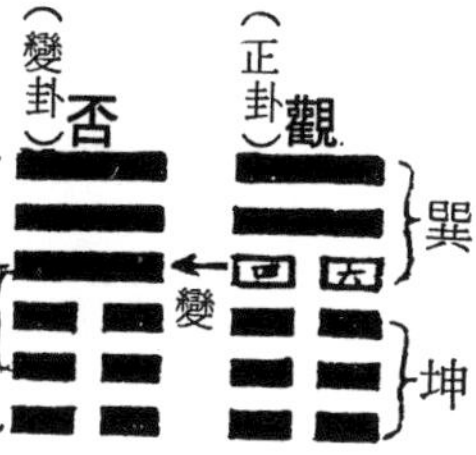

風也，乾（自上巽變）、天也，風爲天於土上山（互艮）也，有山之材，而照之以天光，於是乎居土上，故曰：「觀國之光，利用賓于王」，（四爲諸侯，變而之乾，乾爲王，有國朝王之象），庭（互艮）實旅百（乾），奉之以玉（乾）帛（坤），天地之美具焉，故曰「利用賓于王」（諸侯朝王陳贄幣之象），猶有觀焉，故曰其在後乎，風行而著於土，故曰其在異國乎，若在異國，必姜性也，（六四納辛未，辛爲巽長女，未爲羊，羊加女爲姜），姜、大嶽之後也，（變而象艮，故知當興於大嶽之後，得大嶽之權，則有配天之大功，故知陳必衰，）山嶽則配天物，莫能兩大，陳衰，此其昌乎。（按、敬仲之後田和代姜氏有齊國）。

3. 按三代筮法不盡傳，清儒以爲爻變時之占法，當如下述：

(1) 一爻變，則以本（遇）卦變爻爻辭占。（如2.段之例）。

(2) 二爻變，則以本（遇）卦二變爻爻辭占，而以在上之變爻爲主。

(3) 三爻變，則占本（遇）卦及變（之）卦彖辭，而以本卦爲貞，變卦爲悔。

(4) 四爻變，則以變（之）卦二不變爻辭占，而以在下之不變爻爲主。

(5) 五爻變，則以變（之）卦不變爻爻辭占。

(6) 六爻全變，乾坤以用九用六占，餘卦以變（之）卦彖辭占。

(7) 用其變，以爻辭占稱九六，用其不變，以彖（卦）辭占稱八，所以不曰七者，蓍圓而神爲七，卦方以知爲八，神以知來，知以藏往，知來爲卦之未成者，藏往爲卦之已成者，七爲筮之數，仍爲未成之卦，故卦不曰七而曰八。

二、火珠林法——出自京房「火珠林易傳」，用金錢三枚（術家用龜殼）代替蓍草，一錢司一變，故遠較簡單。其法以金錢三枚置器皿中，搖動後傾出，視錢面正反以定爻之陰陽老少。假設正面爲「少」，反面爲「多」。

正　背	少　多	陰陽老少（術家所稱）	備　考
三　正	三　少	老陽九「○」（重）	變爻爲陰爻
二正一背	二少一多	少陰八「- -」（拆）	
二背一正	二多一少	少陽七「一」（單）	
三　背	三　多	老陰六「×」（交）	變爻爲陽爻

經六次搖傾後，即可得出一卦，爻位次序由下而上，同占筮法。按筮法古用墨畫地，至南北朝北齊，始用金錢三枚爲之。